LEVE & SAUDÁVEL

A moderna cozinha vegetariana para o dia a dia

Susann Probst & Yannic Schon

LEVE & SAUDÁVEL

A moderna cozinha vegetariana para o dia a dia

V&R
EDITORAS

SUMÁRIO

Símbolos utilizados nas receitas:

vegano | sem lactose | sem glúten

SUSANN & YANNIC

Nós nos conhecemos há quase dez anos por meio da fotografia. Mas quem sabe o que teria acontecido se não existisse a cozinha! Não há nada mais gostoso do que dividir essas paixões, porque crescemos ligados por elas e, principalmente, porque conseguimos colocar em prática projetos que tocam o nosso coração. Vivemos e trabalhamos juntos em Berlim e, desde junho de 2013, temos o blog Kraut-Kopf (www.kraut-kopf.de). Nele mostramos nossos pratos favoritos e dividimos com os leitores o que aterrissa em nossos pratos.

Schrank 32
31
EW 10
12
10
6
23
15
29

A NOSSA COZINHA

A paixão por boa comida vem de berço, por causa de nossas famílias. Amamos cozinhar e curtir isso juntos, elaborar pratos e descobrir sempre novos aromas e ingredientes. Para nós, aquilo que comemos sempre foi importante. No entanto, há alguns anos, Susann descobriu que tem intolerância à lactose, e por isso nossa valorização dos alimentos bons e naturais aumentou: forçosamente acabamos nos interessando muito por tudo o que diz respeito à alimentação, por produtos e substâncias que são adicionadas aos alimentos. E o que há de melhor para ter maior controle do que consumimos do que preparar a própria comida?

Nós nos alimentamos de forma tão integral, equilibrada e variada quanto possível. Não somos nutricionistas, nem especialistas em saúde; nós acreditamos que a comida não deva apenas satisfazer, mas, essencialmente, fazer bem e nos deixar felizes. Porém, como isso se dá na prática certamente varia de pessoa para pessoa. Neste livro, queremos mostrar o que nos diverte e o que gostamos de comer – sem a intenção de ensinar. Se quiserem, façam dele uma inspiração e testem as receitas! Isso nos deixaria muito felizes.

Em nossa cozinha, fazemos experiências com aromas do mundo inteiro. E nesse processo, o que nos guia é o estômago. Preferimos nos orientar por nossos próprios sentidos e paladar do que nos atermos presos a uma lista de ingredientes. Por isso, vemos nossas receitas como inspirações, que vocês podem – e devem – modificar e adaptar à vontade!

O mais importante para o preparo de pratos saborosos são, é claro, os ingredientes frescos. Legumes que acabaram de sair da terra, totalmente fora do padrão estético, simplesmente têm um sabor muito mais intenso. Compramos na feira semanal, diretamente dos produtores da região. Quando passeamos entre as barracas e vemos as ofertas que a natureza nos apresenta a cada estação, temos as melhores ideias de novas receitas.

Quando se adquire, como costumamos fazer, apenas itens sazonais e de produção local, é claro que algumas ervas e legumes só aparecem por poucas semanas por ano. Mas assim cada estação acaba por ficar associada a um determinado sabor e a uma determinada sensação: com muita antecedência já ficamos alegres na expectativa da época dos aspargos e dos primeiros morangos suculentos. No verão, sentimo-nos como no paraíso, voltando de cada ida à feira com cestos cheios e coloridos. E no inverno, quando temos principalmente legumes e tubérculos, vemos como um desafio elaborar receitas que sejam as mais criativas e diversificadas possíveis. Principalmente com alguns vegetais e legumes que saíram um pouco de moda, voltam a nos inspirar cada vez mais.

Colhemos ervas em nossa própria sacada. No verão, às vezes ela está tão repleta que chega a ser difícil sentar do lado de fora, mas acaba sendo uma sensação maravilhosa comer algo diretamente do pé. Por isso, a cada ano voltamos a semear com força total, trazendo a natureza para dentro da nossa casa, em um prédio antigo de Berlim. O que nos entusiasma mais são as que são raras. Folhas de curry, por exemplo, normalmente só são encontradas em lojas especializadas de produtos asiáticos, e as desidratadas não são, nem de longe, substitutas para as frescas. Gostamos de usá-las em pratos indianos. Então, o que seria da nossa vida sem nosso pé de curry?

Os temperos também merecem destaque entre nós. Eles marcam o nosso jeito de cozinhar: com variedade de aromas, mas sempre de modo que valorizem o sabor próprio das frutas e dos legumes, sem se sobrepor a eles. Nosso armário de condimentos sempre ocupa um grande espaço da cozinha. Dentro dele, temos diversos potinhos e latinhas com temperos inteiros, que vamos moer no pilão apenas no momento de usar. Dessa forma, preservam seu aroma e podem ser armazenados por mais tempo.

O mesmo vale para os farináceos: preferimos comprar trigo, trigo vermelho e outros tipos na forma de grãos integrais, que serão moídos mais tarde. Assim, obtemos farinha de trigo integral, que possui um sabor mais intenso, fornece maior saciedade e contém nutrientes mais valiosos.

Esse, aliás, é o princípio básico de nossa despensa bem abastecida, com tudo o mais fresco e o menos processado possível. Na cozinha, evitamos a todo custo os produtos industrializados, preferindo preparar nós mesmos muitos molhos, caldos, pastas e misturas condimentadas – algumas das receitas básicas mais importantes poderão ser encontradas no final do livro, no capítulo "Receitas básicas".

É claro que certos ingredientes não poderão ser produzidos em casa – o molho de soja é um deles. Mas, nesses casos, analisamos a versão industrializada com muito cuidado. Um molho de soja que contenha açúcar como ingrediente não entra na nossa cesta de compras! Aliás, uma dica para os intolerantes ao glúten: o tamari, molho de soja japonês de fermentação natural, geralmente é produzido sem trigo (mesmo assim, não custa dar uma olhadinha na composição).

Em nossos pratos, abdicamos totalmente do açúcar refinado, pois ele não possui nutrientes e sobrecarrega o corpo. Por isso, utilizamos adoçantes alternativos, como xarope de arroz, frutas secas, mel, açúcar de coco e açúcar mascavo, além de sucos de fruta feitos na hora. Em geral, adoçamos pouco. No início, quando começamos a utilizar substitutos para o açúcar, o aroma de alguns pratos nos parecia menos intenso. No entanto, depois de alguns dias, percebemos que o sabor próprio dos alimentos parecia muito mais evidente, uma vez que não era mais abafado pelo açúcar.

Para as receitas deste livro, o xarope de arroz é usado com mais frequência. Ele não contém frutose e, por isso, não é tão doce como o xarope de agave ou o melaço. Caso seja substituído por tais adoçantes, é preferível reduzir um pouco a quantidade indicada! É claro que nem mesmo sob essa forma o açúcar é saudável, mas pelo menos ainda possuem alguns nutrientes importantes como vitaminas, enzimas e oligoelementos.

Uma vez que o excesso de laticínios e farináceos pode sobrecarregar o organismo, a opção é comer de forma vegana, sem glúten e/ou sem lactose. Colocamos pequenos símbolos no início de cada receita, que indicam a presença desses elementos. Muitas das receitas puramente vegetarianas também podem ser preparadas de modo vegano. Entretanto, como não queremos usar substitutos industrializados, nelas preferimos recorrer a produtos animais orgânicos. Isso vale, por exemplo, para todos os laticínios, ovos e mel.

No caso dos derivados do milho e da soja, no momento da compra verificamos se são provenientes de plantação orgânica controlada, sem manipulação genética. Também analisamos as margarinas com cuidado, uma vez que são usadas em vez da manteiga. Onde está escrito "vegetal" pode haver uma grande quantidade de química! Nossa opção é a margarina orgânica, que funciona melhor em pratos que serão levados ao forno.

É claro que em Berlim temos ótimas opções de compras. Por isso, muitas vezes, usamos ingredientes que descobrimos em nossas andanças por supermercados orgânicos, lojas de produtos asiáticos e, como já dissemos, nossa adorada feira semanal! No entanto, em muitas cidades não é fácil comprar alimentos frescos em feiras, mas é possível receber na porta de casa caixas repletas de produtos orgânicos coloridos, vindas diretamente dos produtores locais. E se não encontrar determinados ingredientes de nossas receitas na lojinha da esquina, é possível pedi-los pela internet. É uma oportunidade genial de experimentar algo novo – mas, na maioria dos casos, aquele ingrediente específico não será realmente necessário. Pois, preste atenção: nossas receitas não foram esculpidas em pedra! Se não encontrar um determinado ingrediente, substitua-o por outro. Faça o que nós também fazemos: prove, experimente e veja a cozinha como um lugar de criatividade prazerosa.

Sonhamos em morar, algum dia, em uma casinha antiga, perto do Mediterrâneo, longe da cidade grande, longe de todas as lojas de produtos orientais. É claro que teremos um forno de pedra e, principalmente, um grande quintal com velhas árvores frutíferas e espaço suficiente para todos os tipos de vegetais que gostamos de comer. (Até lá, esperamos ter aprendido como funciona essa questão da autossustentabilidade...) Certamente, isso modificará mais uma vez o nosso modo de cozinhar.

O que certamente não mudará é o nosso prazer em apreciar tudo isso juntos – a dois ou com amigos. Pois cozinhar e comer não apenas aguçam todos os sentidos, também reúnem as pessoas. O que fica de uma refeição bem sucedida, além do sabor na boca, é o sorriso no rosto dos outros, são as conversas maravilhosas e os momentos compartilhados. Nesse sentido, desejamos a vocês que se divirtam ao cozinhar e ao degustar!

POLENTA DE ERVAS SILVESTRES

Serve 3 pessoas

150 g de espinafre fresco
150 g de ervas silvestres
(p. ex. 1 maço de alho-silvestre ou cebolinha-japonesa, salsinha, pimpinela, um pouco de cebolinha--francesa, azedinha e urtiga, algumas folhas de dente-de-leão e mini-agrião)
1 chalota
1 l de caldo de legumes
(ver receita na p. 228)
250 g de polenta instantânea
5 colheres de sopa de azeite de oliva
1 maço de sálvia
1 colher de chá de sementes de coentro
2 colheres de chá de mostarda marrom em grãos
sal marinho a gosto
pimenta-do-reino moída na hora a gosto

Ainda que a oferta de vegetais na primavera só aumente aos poucos, há algo que existe em abundância desde o começo: as ervas, que não são apenas saudáveis, mas também gratuitas! É claro que, antes de colhê-las, é preciso se informar bastante sobre elas e depois lavá-las muito bem. Mas urtigas, dentes-de-leão e margaridinhas todos nós sabemos reconhecer. Quem não gostar do toque amargo de algumas ervas silvestres pode escolher as folhas mais jovens. Mas o dente-de-leão, por exemplo, pode ser colocado de molho em água fria com sal durante 20 minutos para perder as substâncias amargas. Aliás, é possível variar o tamanho da fôrma para gratinar a polenta. Quanto maior ela for, maior será a superfície crocante; quanto menor, mais fofinha ela ficará por dentro.

Preaqueça o forno a 200 °C. Unte uma fôrma desmontável (de 24 cm de diâmetro). Lave e seque o espinafre e as ervas. Tire as folhas dos ramos; no caso da urtiga, é melhor usar luvas. Pique grosseiramente as ervas e o espinafre. Descasque a chalota e corte em cubinhos.

Ferva o caldo de legumes e coloque sal a gosto. Acrescente a polenta, mexendo sempre, e deixe engrossar em fogo baixo com a panela tampada durante 10 minutos.

Enquanto isso, aqueça 1 colher de sopa de azeite na frigideira e refogue a chalota. Acrescente o espinafre e as ervas e deixe murchar em fogo baixo. Tempere com sal e pimenta e adicione à polenta. Despeje tudo na fôrma preparada e asse no forno por cerca de 20 minutos, até que a polenta fique crocante por fora e bem cremosa por dentro.

Enquanto isso, lave e seque completamente a sálvia. Triture bem as sementes de coentro. Limpe a frigideira com papel-toalha, aqueça as 4 colheres de sopa de azeite restantes e frite as folhas de sálvia em fogo médio, até ficarem crocantes. Retire da panela e espalhe sobre papel absorvente. Coloque o coentro e a mostarda no azeite e deixe marinar um pouco. Distribua a sálvia e o azeite aromatizado sobre a polenta pronta. Deixe esfriar um pouco antes de cortar.

RAVIÓLI DE COUVE-RÁBANO COM PESTO DE SEMENTES DE ABÓBORA

Serve 2 pessoas

PARA O RAVIÓLI
1 bulbo de couve-rábano grande
200 g de batatas farinhentas (como a Asterix)
75 g de aipo-rábano
120 ml de creme de leite de caju (ver receita na p. 229)
pimenta-do-reino moída na hora a gosto
noz-moscada ralada na hora a gosto
sal marinho a gosto
azeite de oliva para regar

PARA O PESTO
30 g de sementes de abóbora
½ maço de salsinha
1 colher de chá de suco e a mesma medida de raspas de limão-siciliano orgânico
1 colher de chá de xarope de arroz
80 ml de azeite de oliva
sal marinho a gosto
pimenta-do-reino moída na hora

PARA FINALIZAR
um punhado de folhas verdes (por exemplo, folhas de couve-rábano, brotos de ervilha, azedinha-vermelha ou alfaces *baby* variadas)

Para o ravióli, descasque a couve-rábano e corte em fatias finíssimas. Salgue bem e deixe escorrer em uma peneira.

Para o pesto, torre as sementes de abóbora em uma frigideira sem óleo, até ficarem perfumadas e deixe esfriar. Lave e seque a salsinha, e separe as folhas dos ramos. Bata a salsinha e as sementes de abóbora com o suco e as raspas do limão-siciliano, o xarope de arroz e o azeite no liquidificador ou mixer e ajuste o sal e a pimenta.

Recorte círculos nas fatias de couve-rábano usando cortadores de biscoito ou aros de metal redondos (faça do tamanho possível, observando o tamanho da fatia; as aparas podem ser aproveitadas em uma sopa, por exemplo). Cozinhe os círculos por 2-3 minutos em água salgada fervente. Dê um choque térmico com água gelada, seque cuidadosamente com papel-toalha e regue com azeite.

Para o recheio dos raviólis, descasque e pique as batatas e o aipo em cubinhos e cozinhe em água fervente com sal até amolecerem. Passe os legumes por um espremedor de batatas, misture com o creme de leite de caju e tempere com sal, pimenta e noz-moscada.

Coloque 1 colher de chá do purê no centro de metade das rodelas de couve-rábano, cubra com as rodelas restantes e pressione bem as bordas. Lave as folhas verdes, seque na centrífuga e sirva com os raviólis mornos e o pesto.

SOPA DE COUVE-RÁBANO COM LENTILHAS

Serve 4 pessoas

50 g de lentilhas
1,5 kg de bulbos de couve-rábano
2 dentes de alho
1 chalota
3 colheres de chá de óleo de coco
600-700 ml de caldo de legumes
(ver receita na p. 228)
1 cebolinha
4 ramos de hortelã
½ colher de chá de sementes de cominho
1 colher de chá de sementes de coentro
½ colher de chá de pimenta-de-sichuan
em grãos
250 ml de leite de coco
sal marinho a gosto
pimenta-do-reino moída na hora a gosto

Deixe as lentilhas de molho em água durante uma noite – isso reduz o tempo de cozimento. No dia seguinte, cozinhe as lentilhas em água por cerca de 30 minutos (observe as instruções da embalagem).

Enquanto isso, descasque a couve-rábano (remova todas as partes fibrosas) e corte em cubos médios. A casca pode ser guardada para usar em um caldo de legumes. Descasque o alho e a chalota e corte em cubinhos. Reserve metade dos cubinhos de alho. Em uma panela grande, salteie o restante do alho junto com a chalota em 1 colher de chá de óleo de coco em fogo médio. Acrescente a couve-rábano e refogue por mais 5 minutos. Junte 600 ml de caldo de legumes e deixe cozinhar com a panela tampada por cerca de 15 minutos, em fogo baixo, até que a couve-rábano esteja tenra.

Enquanto isso, pique bem a cebolinha. Arranque as folhas de hortelã do ramo e pique. Triture as especiarias grosseiramente em um pilão. Em uma frigideira pequena, doure o alho reservado nas 2 colheres de chá restantes do óleo de coco. Junte as especiarias trituradas e misture com as lentilhas.

Junte o leite de coco à couve-rábano, processe até obter um purê cremoso e dilua a gosto com o caldo de legumes. Passe a sopa por uma peneira ou um coador e tempere com sal e pimenta. Decore com cebolinha, lentilhas e hortelã.

MACARRÃO SOBA COM TOFU FRITO

O yuba é a pele que se forma na superfície do leite de soja aquecido. Ela é retirada cuidadosamente, enrolada e vai para a secagem. Esse ingrediente pode ser encontrado nas boas lojas de produtos asiáticos. A consistência dos bastões cozidos lembra um pouco a de cogumelos, mas tem um leve sabor de nozes. Ao prová-lo, pela primeira vez, matutamos muito, tentando descobrir o que era aquilo, mas logo nos empolgamos com o sabor.

Coloque os condimentos (pimenta chili, anis, erva-doce, pimenta-do-reino, cominho, coentro e canela) em um filtro de café e feche com um barbante. Ferva o caldo de legumes com o sachê de temperos em uma panela e tire do fogo. Acrescente o tamari e o vinagre de arroz e ajuste o sal, se necessário. Adicione o yuba e reserve por pelo menos 2 horas, de preferência 3, para reidratar.

Retire do caldo e corte em pedaços pequenos. Aqueça bastante óleo em uma panela pequena, até que um palito colocado nele faça bolhas. Seque o tofu com papel-toalha, coloque no óleo com cuidado e frite por cerca de 5 minutos, até que fique dourado por inteiro. Coloque sobre papel-toalha e corte em fatias de cerca de 1 cm.

Limpe e pique o aipo e a cebolinha. Descasque a cenoura e a cebola. Corte a cenoura e a cebola em tiras finas.

Acrescente o tofu e o yuba ao caldo, deixe ferver, junte a cebola e o aipo e cozinhe o macarrão seguindo as instruções da embalagem. Acrescente os demais legumes perto do fim do cozimento. Remova o sachê de temperos e ajuste o sal. Lave o coentro, seque e separe as folhas. Triture o amendoim. Decore a sopa de macarrão com os amendoins e o coentro e sirva.

Serve 2 pessoas

1 pimenta chili desidratada
½ colher de chá de sementes de anis
½ colher de chá de erva-doce
¼ de colher de chá de pimenta-do-reino em grãos
¼ de colher de chá sementes de cominho
½ colher de chá de sementes de coentro
uma pitada de canela
850 ml de caldo de legumes (ver receita na p. 228)
1 colher de sopa de molho tamari
1 colher de chá de vinagre de arroz
3 bastões de yuba ("nata"de soja)
óleo de canola para fritar
250 g de tofu firme
2 talos de aipo
2 cebolinhas
1 cenoura
1 cebola pequena
150 g de macarrão soba (100% trigo sarraceno)
½ maço de coentro
um punhado de amendoim torrado
sal marinho a gosto

SALADA DE ASPARGOS COM GRÃO-DE-BICO TORRADO

Serve 2 pessoas

130 g de grão-de-bico
300 g de aspargos verdes
1 dente de alho
1 colher de sopa de vinagre de maçã
2 colheres de sopa de suco de limão-siciliano
2 colheres de sopa de xarope de arroz
½ colher de chá de sumagre
1 colher de chá de óleo de gergelim torrado
4 colheres de sopa de azeite de oliva
2 colheres de sopa de zaatar
sal marinho a gosto

Amamos dar um toque exótico aos legumes, e por isso incrementamos nossa salada de aspargos com zaatar e sumagre. Descobrimos o zaatar há alguns anos com nosso fornecedor produtos árabes favorito e desde então estamos empolgados com essa mistura de temperos, feita com as folhas secas de uma planta chamada za'atar, que tanto pelo sabor como pelo visual lembra o orégano ou a manjerona, além de sal, gergelim torrado e sumagre. Este último é um tempero feito das folhas secas e trituradas de uma planta que tem o mesmo nome e é responsável pelo toque ácido na mistura do zaatar, com sabor forte e amendoado. Nesta receita, usamos a versão pronta e, além disso, acrescentamos mais sumagre. Ambos podem ser encontrados em lojas de produtos importados.

Na véspera, coloque de molho o grão-de-bico em água fria. No dia seguinte, escorra e cozinhe em água e fogo brando por cerca de 45-60 minutos, com a panela tampada, até ficar tenro. Acrescente o sal apenas no final do cozimento.

Enquanto o grão-de-bico cozinha, lave os aspargos e quebre as pontas fibrosas. Corte-os em fatias finas com o descascador de legumes. Descasque e pique bem o alho.

Para o molho, ferva o vinagre de maçã, o suco de limão, o xarope de arroz e o sumagre em uma frigideira pequena, cerca de 10 minutos antes de terminar o cozimento do grão-de-bico. Acrescente o alho picado, o óleo de gergelim e 2 colheres de sopa de azeite, ajuste a quantidade de sal e deixe ferver rapidamente em fogo baixo. Tire a frigideira do fogo, acrescente os aspargos, misture bem e reserve por 5 minutos.

Enquanto isso, torre o grão-de-bico: escorra os grãos cozidos em uma peneira e coloque em outra frigideira com as 2 colheres restantes do azeite e o zaatar. Misture bem e torre em fogo médio por 3-4 minutos. Não deixe que os temperos queimem! Assim que as sementes de gergelim começarem a pular, tire o grão-de-bico do fogo e sirva com os aspargos.

SALADA DE BATATAS SALTEADAS

Não é sem razão que a batata é um dos alimentos mais importantes do mundo: poucos são tão multifacetados quanto ela. Consumidos simplesmente cozidos e descascados com um pouco de óleo de canola e sal, em forma de purê, nhoque ou fritos, esses bulbos tirados da terra nos deliciam durante o ano inteiro. Na primavera, costumamos prepará-los em forma de salada, combinados com ervas frescas, rabanetes e as primeiras ervilhas-tortas da estação. Diferente da salada de batatas tradicional, que sempre fica mais gostosa conforme os sabores vão apurando, a nossa versão só recebe o molho bem no final, para que as batatas salteadas permaneçam crocantes. E quando chegam os primeiros dias de sol, gostamos de nos mudar para a toalha de piquenique junto com a salada.

Lave bem ou descasque as batatas e cozinhe-as inteiras por 10-20 minutos (dependendo do tamanho), até ficarem tenras. Deixe esfriar, corte ao meio ou em quatro e frite no azeite por cerca de 15 minutos, virando na metade do tempo para dourarem por igual. Tempere com sal, pimenta e noz-moscada, e deixe esfriar.

Enquanto isso, apare as ervilhas-tortas, caso necessário, cozinhe em água fervente e interrompa o cozimento mergulhando em água gelada, para que permaneçam bem verdes e crocantes. Escorra e corte ao meio. Pique as cebolinhas com o bulbo, corte os rabanetes em fatias finas e misture com a ervilha-torta e a rúcula, juntando tudo às batatas. Pique grosseiramente o endro sem os talos.

Para fazer o molho, misture todos os ingredientes, exceto o azeite. Depois, acrescente o azeite e bata bem para incorporar. Ajuste a quantidade de sal e pimenta, e misture com as batatas. Salpique com o endro e enfeite com flores de cebolinha.

Serve de 2-3 pessoas

750 g de batatas
100 g de ervilhas-tortas
3-4 cebolinhas
1 maço de rabanetes
1 maço de rúcula
1 maço de endro
sal marinho a gosto
pimenta-do-reino moída na hora a gosto
noz-moscada ralada na hora a gosto
azeite de oliva para fritar

PARA O MOLHO
4 colheres de sopa de caldo de legumes (ver receita na p. 228)
2 colheres de sopa de mostarda de Dijon
2 colheres de sopa de vinagre de maçã
1 colher de sopa de suco de limão-siciliano
2 colheres de sopa de xarope de arroz
1 colher de sopa de azeite de oliva
sal marinho a gosto
pimenta-do-reino moída na hora a gosto

PARA SERVIR
algumas flores de cebolinha-francesa a gosto

EMPADAS SAMOSA

Rende 4-6 unidades

PARA A MISTURA DE TEMPEROS

2 colheres de chá de sementes de cominho
1 colher de chá de sementes de coentro
1 colher de chá de sementes de erva-doce
2 colheres de chá de mostarda marrom em grãos
1 colher de chá de cúrcuma em pó
1 colher de chá de pimenta-de-caiena
1 ½ colher de chá de sal marinho

PARA O RECHEIO

750 g de batatas farinhentas
1 cebola
3 dentes de alho
15 g de gengibre fresco
2 pimentas chili verdes frescas
12 folhas de curry fresco
1 colher de sopa de óleo de coco
250 g de ervilhas frescas (pesadas sem as vagens)
1 colher de sopa de suco de limão-siciliano
sal marinho a gosto

PARA A MASSA

50 g de margarina vegetal
250 g de farinha de trigo (tipo 0)
150 g de farinha de trigo integral
100 ml de água
1 colher de sopa de suco de limão-siciliano
100 g de óleo de coco
1 colher de chá de sal marinho
3 colheres de sopa de leite de coco para pincelar

Se há um prato de entrada que está no cardápio de quase todo restaurante indiano na Alemanha certamente é a samosa. Esses pastéis de recheio farto e bem temperado também nos encantaram. Nesta versão incrível que apresentamos, as samosas são perfeitas para piqueniques, porque não são fritas, mas assadas no forno, como empadas. Dessa forma é possível evitar os dedos engordurados, além disso, elas podem receber mais recheio!

Para a mistura de temperos, triture todos os ingredientes no pilão.

Para o recheio, cozinhe as batatas com casca por cerca de 20 minutos até ficarem tenras e deixe esfriar. Enquanto isso, descasque a cebola, o alho e o gengibre, tire as sementes da pimenta e pique tudo bem fino. Pique também as folhas de curry. Descasque as batatas e corte em cubinhos. Esquente o óleo de coco em uma frigideira em fogo médio, refogue a mistura de temperos e os ingredientes picados, acrescente as batatas e as ervilhas e refogue um pouco mais. Use o suco de limão para deglaçar, deixe esfriar e tempere com o sal.

Para a massa, corte a margarina em cubos e esfarele junto com os dois tipos de farinha. Em uma panela, deixe ferver a água, o suco de limão, o óleo de coco e o sal. Acrescente o líquido fervente à mistura de farinhas e mexa com uma colher de pau. Depois, quando esfriar um pouco, sove até obter uma massa homogênea e maleável. Enrole a massa em filme plástico e deixe descansar em temperatura ambiente por 15 minutos. Ela deve ser trabalhada ainda quente.

Dependendo do tamanho, forre 4-6 forminhas de empada com filme plástico. Se não tiver as forminhas, pode usar xícaras, fôrmas para muffin ou outras: a massa será apenas moldada nelas. Isso também pode ser feito sobre o fundo de copos estreitos virados, cobertos com filme plástico e depois com a massa.

Abra dois terços da massa sobre uma superfície enfarinhada, até ficar com cerca de 3 mm de espessura. Corte círculos de um tamanho que possibilite formar o fundo e as paredes das empadas com auxílio das fôrmas escolhidas. Coloque os círculos cortados dentro ou em volta das fôrmas e reserve em local fresco, até firmarem. Os impacientes podem colocar no freezer, pois vão reduzir o tempo de espera a alguns minutos.

Com cuidado, solte a massa das fôrmas, remova o filme plástico e recheie com a mistura de batata e a ervilha. Abra o restante da massa e corte círculos do tamanho certo para cobrir as empadas. Pincele um pouco de água nas bordas, posicione sobre o recheio e pressione bem contra a parte de baixo. Faça cortes em cruz no topo de cada uma. Enrole todas as empadas com papel-manteiga e prenda com barbante para que não desmanchem enquanto assam. Leve de volta à geladeira por 20 minutos.

Preaqueça o forno a 200 °C. Forre uma assadeira com papel-manteiga. Asse as empadas no forno quente durante 30 minutos. Depois desse tempo, remova o papel, pincele as empadas com leite de coco e asse por mais 25-30 minutos, até que fiquem douradas.

TORTA FAVORITA DE MORANGOS

Rende 1 torta (26 cm de diâmetro)

PARA A MASSA

100 g de amêndoas
150 g de farinha de espelta integral
½ colher de chá de sal marinho
100 g de mel
2 gemas
1 colher de sopa de rum
100 g de manteiga fria

PARA A COBERTURA

800 g de morangos
1-2 colheres de sopa de mel
1 fava de baunilha
1 cacho de flor de sabugueiro

Susann: Certa vez, Yannic me falou sobre a melhor torta de morangos que existe. É a que a tia dele, Christa, geralmente traz para as festas da família. E, em algum momento, eu mesma tive o prazer de provar a torta de morangos da tia Christa e de fato Yannic não tinha exagerado. A massa integral adoçada com mel, coberta com muitos morangos doces e suculentos, é um sonho! Nós ainda gostamos de salpicá-la com algumas flores de sabugueiro, para que tenha o autêntico sabor da primavera.

Preaqueça o forno a 180 °C. Unte uma fôrma desmontável de 26 cm. Triture as amêndoas e misture com a farinha integral e o sal em uma tigela. Acrescente o mel, as gemas, o rum e a manteiga fria em pedacinhos à farinha, esfarelando tudo com a ponta dos dedos, até formar uma massa solta. Espalhe no fundo da fôrma desmontável, pressione bem e faça furos com um garfo. Asse por 20-25 minutos até que fique dourada, tire do forno e deixe esfriar em um aramado apropriado.

Enquanto isso, tire os talos dos morangos. Amasse 250 gramas da fruta com o garfo e misture com 1-2 colheres de sopa de mel, dependendo da doçura dos morangos. Corte a fava de baunilha no comprimento, raspe as sementes e incorpore à mistura de morango e mel. (Não é preciso descartar a fava de baunilha usada: coloque em um vidro com açúcar de coco ou mascavo e depois de alguns dias você terá um açúcar de baunilha aromatizado naturalmente). Caso o purê de morangos fique muito aguado, passe o líquido em uma peneira com cuidado. Distribua o purê na torta já fria, cubra com os morangos restantes e decore com as flores de sabugueiro tiradas do cacho.

NHOQUE DE ALHO-SILVESTRE COM BROTOS DE COUVE-DE-BRUXELAS

Nós descobrimos os brotos jovens da couve-de-bruxelas quase por acaso, na feira, uma vez que eles só aparecem na primavera e por um curto período de tempo. Aos primeiros raios quentes de sol, eles brotam da planta que ainda está nos campos, pois restaram do inverno. Tanto as folhas como os caules e as flores dessa hortaliça jovem são muito saborosas – e, melhor ainda, bastante saudáveis. Eles contêm alto teor de proteína vegetal, sais minerais, vitamina C e vitamina K. Se não encontrar os brotos, use brócolis. Nesse caso, porém, antes de fritar, ferva rapidamente em água e interrompa o cozimento com água gelada.

Serve de 2-3 pessoas

600 g de batatas farinhentas
50 g de alho-silvestre
1 ½ colher de chá de sal marinho
pimenta-do-reino moída na hora a gosto
noz-moscada ralada na hora a gosto
150-180 g de semolina de trigo durum
50-70 g de farinha de trigo (tipo 0)
1 dente de alho
150 g de brotos de couve-de-bruxelas
3 colheres de sopa de azeite de oliva

INGREDIENTES EXTRAS

semolina de trigo durum para trabalhar
2 colheres de sopa de azeite de oliva para regrar
sal marinho para salpicar

Cozinhe as batatas com casca por cerca de 20 minutos, até ficarem tenras. Escorra, deixe esfriar um pouco e descasque. Passe pelo espremedor ainda mornas. Remova os talos do alho-silvestre (eles podem ser usados em um pesto). Pique bem as folhas e acrescente às batatas. Tempere com sal, pimenta e noz-moscada e amasse com 150 gramas de semolina e 50 gramas de farinha. A massa deve ficar homogênea e não grudar nas mãos; se necessário, acrescente mais um pouco de semolina e de farinha. Ajuste o sal.

Sobre uma superfície polvilhada com a semolina, forme rolos com um dedo de espessura e corte em pedaços de cerca de 3 cm. Faça bolinhas com cada um deles e role sobre uma tábua para nhoque, esteira de sushi ou pressione levemente com um garfo, para que fiquem com as ranhuras típicas. Em uma panela grande, leve bastante água com sal ao fogo até ferver.

Enquanto isso, descasque e pique bem o alho. Se os brotos de couve-de-bruxelas forem muito grossos, descasque os talos como se fossem aspargos. Pique as folhas e as flores. Corte os caules em pedaços pequenos. Aqueça o azeite em uma frigideira antiaderente; refogue primeiro o alho e os caules da couve. Acrescente as folhas e as flores e salteie. Cozinhe os nhoques na água salgada antes do ponto de fervura, até que boiem. Retire com uma escumadeira, acrescente aos legumes e refogue rapidamente. Regue com um fio de azeite, salpique sal marinho e sirva.

RISOTO DE COUVE-FLOR

Supersimples, mas com um sabor surpreendente, esta receita é feita com apenas uma hortaliça, a couve-flor. Mas em compensação ela é preparada de duas formas e, por isso, apresenta aromas e consistências muito diferentes entre si.

Serve 2 pessoas

2 maços de couve-flor
(aproximadamente 700 g, cada um)
1 cebolinha pequena com o bulbo
1 cebola pequena
1 dente de alho
2 colheres de chá de óleo de coco
50 ml de vinho branco
300 ml de caldo de legumes
(ver receita na p. 228)
200 ml de leite de coco
5 folhas frescas de curry
½ colher de chá de mostarda
marrom em grãos
sal marinho a gosto
pimenta-do-reino moída na hora a gosto

Separe os floretes de couve-flor (o caule pode ser usado em outra receita, um caldo de legumes, por exemplo) e corte em fatias bem finas ou passe na mandolina ou no fatiador de legumes. Dividia os floretes em cinco partes, separe um quinto, e triture o restante em um mixer ou liquidificador até ficarem do tamanho de grãos de arroz. Corte a cebolinha em anéis. Descasque e pique a cebola e o alho.

Em uma panela grande, refogue a cebola e o alho em metade do óleo de coco em fogo médio. Acrescente a couve-flor picada e refogue mais um pouco. Adicione o vinho branco para deglaçar, e, em seguida, coloque metade do caldo e metade do leite de coco e a cebolinha. Deixe cozinhar em fogo médio por cerca de 10 minutos sem a tampar, até que quase todo o líquido tenha evaporado. Mexa de vez em quando.

Acrescente o caldo e o leite de coco restantes e deixe a couve-flor cozinhar por mais 10 minutos, até adquirir a consistência de um risoto.

Enquanto isso, pique finamente as folhas de curry. Aqueça o óleo de coco restante em uma frigideira. Acrescente as fatias separadas da couve-flor junto com as sementes de mostarda e as folhas de curry, frite até ficarem levemente torradas e tempere com sal e pimenta. Experimente novamente o tempero do risoto e sirva com a couve-flor frita por cima.

PANQUECA DE FEIJÃO-VERDE

Rende 4 panquecas

180 g de feijão-verde
300 ml de água
80 ml de molho tamari
2 colheres de sopa de óleo de gergelim torrado
3 colheres de sopa de xarope de arroz
1 pimenta chili vermelha grande
20 g de gengibre fresco
1 cebola grande
250 g de cenoura
1 maço de cebolinha
óleo de canola para fritar
sal marinho a gosto
pimenta-do-reino moída na hora a gosto

Adoramos comida coreana! Entretanto, certos pratos precisam de muito tempo de preparo, porque, às vezes, são necessários vários ingredientes, alguns deles fermentados. Mas com essas panquecas fantásticas é diferente: só é preciso lembrar de deixar o feijão de molho na véspera. Pois é com ele que fazemos a massa, o que torna o prato tanto vegano como sem glúten. O feijão tem muita proteína e é rico em fibras, vitaminas e sais minerais, portanto muito saudável! Dependendo da época do ano, é possível substituí-lo por outros tipos de leguminosas.

Lave bem os feijões e deixe de molho na água por 3-4 horas ou durante a noite.

Prepare o molho no dia anterior. Para isso, misture bem o tamari, o óleo de gergelim e o xarope de arroz. Tire as sementes da pimenta, descasque o gengibre e pique ambos bem fino. Coloque a metade do gengibre e toda a pimenta no molho. Deixe apurar até a hora de servir.

Cozinhe os feijões e faça um purê. Junte a água do molho e o gengibre restante e tempere com sal e pimenta. Descasque a cebola, corte ao meio e depois em fatias. Descasque as cenouras e corte em palitos finos. Pique as cebolinhas. Misture os legumes com o purê de feijão.

Esquente um pouco de óleo na frigideira, monte panquecas (15 cm de diâmetro, cada uma) e frite uma a uma, dourando dos dois lados, até ficarem crocantes. Corte as panquecas em pequenos losangos, salpique a cebolinha e mergulhe no molho usando hashis.

ASPARGOS SILVESTRES EM CAMA DE QUINOA

Aspargos silvestres são novidade para nós também. É muito raro encontrá-los à venda, mas se os vir, não hesite – compre! Os talos muito finos com as pontas florescendo realmente lembram os aspargos e o sabor é muito semelhante, mas trata-se de uma planta da família ornithogalum, *a mesma da estrela-de--Belém e dos aspargos.*

Serve 2 pessoas

450 ml de caldo de legumes (ver receita na p. 228)
180 g de quinoa (branca, vermelha ou mista)
30 g de pinoli
2 dentes de alho
1 cebolinha com o bulbo
3-4 ramos de coentro
½ maço de salsinha
3-4 ramos de hortelã
200 g de aspargos silvestres (ou aspargos verdes)
2 colheres de sopa de azeite de oliva
1 colher de chá de suco de limão-siciliano
sal marinho a gosto
pimenta-do-reino moída na hora a gosto

Ferva o caldo de legumes. Acrescente a quinoa e deixe cozinhar em fogo baixo por 15 minutos, com a panela tampada, até que os grãos tenham absorvido todo o líquido.

Enquanto isso, torre ligeiramente os pinoli em uma frigideira sem óleo e reserve. Descasque e pique bem o alho. Fatie a cebolinha em anéis bem finos. Tire as folhinhas das ervas e pique. Remova a base dos cabos dos aspargos silvestres ou, se estiver usando aspargos verdes, quebre e descarte a parte fibrosa do caule e corte o restante ao meio.

Aqueça metade do azeite em uma frigideira e refogue metade do alho. Acrescente a quinoa e salteie ligeiramente. Adicione a cebolinha e as ervas, e tempere com sal e pimenta.

Em outra frigideira, aqueça o azeite restante. Salteie o alho que sobrou, e refogue os aspargos silvestres em fogo médio por 2-3 minutos (os aspargos verdes precisam de 8-10 minutos). Borrife com o suco de limão-siciliano, sirva sobre a quinoa e enfeite com os pinoli tostados.

SOPA COM BOLINHOS DE ESPELTA

Na verdade, a espelta nada mais é do que o bom e velho trigo vermelho. Mas os grãos para sua produção são colhidos semimaduros ou verdes e depois torrados e secos. Dessa forma o grão, repleto de ferro e vitamina B, adquire seu aroma maravilhoso e intenso, e o sabor amendoado. E isso é perceptível nesta sopa incrivelmente fácil de fazer! Costumamos prepará-la o ano todo e usamos os legumes da estação.

Serve 2 pessoas

½ maço de salsinha
1 l de caldo de legumes
(ver receita na p. 228)
40 g de margarina vegetal
100 ml de leite de amêndoas
(ver receita na p. 230)
90 g de farinha de espelta
uma pitada de noz-moscada ralada na hora
1 ovo médio
1 cenoura
4-5 rabanetes
1 cebolinha com o bulbo
½ maço de cebolinha-francesa
sal marinho a gosto
pimenta-do-reino moída na hora a gosto

Tire as folhas da salsinha e pique finamente. Ferva o caldo de legumes em uma panela grande.

Em uma panela pequena, leve a margarina e o leite de amêndoas ao fogo. Despeje toda a farinha de espelta no líquido quente e mexa com a colher de pau até que a mistura se solte do fundo da panela e forme uma bola de massa. Deixe esfriar um pouco, tempere com sal, pimenta e noz-moscada e acrescente o ovo e metade da salsinha picada. Faça bolinhos com auxílio de duas colheres de sopa e deixe cozinhar em fogo brando por cerca de 15 minutos no caldo de legumes.

Enquanto isso, descasque a cenoura e corte à *julienne*. Fatie os rabanetes e a cebolinha em rodelas finas. Pique a cebolinha-francesa. Antes de servir, coloque os legumes no caldo e deixe descansar por 2 minutos. Salpique com salsinha e cebolinha-francesa, e sirva.

HAMBÚRGUER COM TERIYAKI

O que seria do mundo sem o hambúrguer? Ousamos testar algo um pouco diferente e criamos uma versão asiática. Os pãezinhos que o acompanham não são assados no forno, mas cozidos no vapor em uma cesta de bambu, ficando muito macios e leves. Acompanhado de coentro fresco e dois molhos, esse hambúrguer vira uma bomba de sabor. Cuidado, você ficará alucinado!

Rende 4 hambúrgueres

PARA OS PÃEZINHOS
10 g de fermento biológico fresco
150 ml de água morna
2 colheres de chá de xarope de arroz
235 g de farinha de trigo (tipo 0), e mais um pouco para trabalhar
½ colher de chá de sal marinho

PARA A SALADA DE NABO
1 nabo (cerca de 200 g)
2 colheres de sopa de vinagre de arroz
1 colher de chá de xarope de arroz
1 colher de chá de sal marinho
um pouco de pasta de curry amarela (ver receita na p. 231)

PARA O MOLHO TERIYAKI
8 g de gengibre fresco
1 dente de alho
5 colheres de sopa de xarope de arroz
5 colheres de sopa de molho de soja
1 colher de sopa de vinagre de arroz

PARA O KETCHUP DE PIMENTA
3-4 pimentas chili vermelhas grandes
1 dente de alho
½ cebola
1 colher de chá de óleo de gergelim torrado
5-6 colheres de sopa de tomates
1 colher de sopa de vinagre de arroz
2 colheres de chá de xarope de arroz
sal marinho a gosto

Para os pãezinhos, prepare uma massa fermentada: em uma tigela, dissolva o fermento com a água e o xarope de arroz. Acrescente a farinha e o sal e sove, formando uma massa homogênea e elástica. Se grudar nas mãos, acrescente um pouco mais de farinha; se ficar duro demais, adicione um pouco de água. Cubra com um pano úmido e deixe crescer em um local quente por pelo menos 45 minutos.

Enquanto isso, descasque o nabo e corte à *julienne*. Em uma tigela, misture o vinagre e o xarope de arroz, o sal e a pasta de curry, acrescente o nabo, cubra e deixe curtir no molho até a hora de servir.

Para o molho teriyaki, descasque o gengibre e o alho e pique bem fino. Aqueça o xarope de arroz em uma panela pequena em fogo médio, até obter um caramelo marrom claro. Em seguida, acrescente o molho de soja e o vinagre de arroz e deixe engrossar em fogo baixo. Tire a panela do fogo e adicione o gengibre e o alho.

Para o ketchup, corte as pimentas ao meio e tire as sementes (a quantidade depende do grau de ardência desejado). Para tirar a pele, coloque as pimentas com a pele para cima diretamente sob o grill quente do forno ou sobre a chama do fogão, até escurecer. Deixe esfriar, remova a pele e corte a polpa em tiras finas. Assim, as pimentas adquirem um maravilhoso aroma defumado. Descasque o alho e a metade de cebola e corte em cubinhos. Refogue no óleo aquecido em uma panela pequena em fogo médio. Acrescente os tomates passados na peneira ou no passa-legumes e as tiras de pimenta e deixe cozinhar em fogo baixo por cerca de 10 minutos. Tempere o ketchup com vinagre e xarope de arroz e sal e faça um purê.

Divida a massa crescida em quatro partes, abra cada uma delas sobre uma superfície enfarinhada até obter discos de cerca de 18 cm

PARA O MOLHO DE AMENDOIM

50 g de castanhas-de-caju
3 colheres de sopa de água
3 colheres de sopa de leite de coco
25 g de pasta de amendoim
1 colher de chá de suco de limão
¼ de colher de chá de pasta de curry amarela (ver receita na p. 231)
sal marinho a gosto
pimenta-de-caiena a gosto

PARA OS HAMBÚRGUERES

300 g de tofu firme
um punhado de folhas de espinafre *baby*
1 cebola roxa
1 maço de coentro fresco
óleo de canola para fritar

de diâmentro cada uma e dobre ao meio no comprimento. Coloque 2 porções de massa em uma tira de papel-manteiga, e as outras duas em outra tira (assim fica mais fácil transportar para o cestinho) e deixe crescer por mais 30 minutos.

Enquanto isso, bata todos os ingredientes do molho de amendoim, exceto os temperos, até formar um purê. Se necessário, acrescente um pouco de água para deixar mais cremoso e tempere com sal e pimenta-de-caiena.

Para os hambúrgueres, corte o tofu na horizontal em fatias finas. Lave o espinafre e seque bem na centrífuga ou dando batidinhas leves com um pano. Descasque a cebola roxa e corte em rodelas finas (se preferir, refogue rapidamente em 1 colher de chá de óleo de gergelim).

Acomode um cesto de bambu em uma wok ou sobre uma panela com água fervente e coloque os discos de massa junto com o papel-manteiga dentro dele. Cozinhe os pãezinhos no vapor por 20 minutos.

Escorra a salada de nabo. Aqueça um pouco de óleo de canola em uma frigideira e frite o tofu em fogo alto, virando até dourar por igual. Acrescente o molho teriyaki e glaceie, virando de vez em quando, até que todo o líquido evapore e o tofu esteja brilhante.

Separe as folhinhas de coentro do talo. Monte os hambúrgueres: abra os pãezinhos, passe o molho de amendoim na parte de dentro de um lado e o ketchup de pimenta no outro. Recheie com tofu, salada de nabo, rodelas de cebola, folhas de coentro e espinafre.

COMPOTA DE RUIBARBO COM COBERTURINHA DE ESPELTA

Serve 4 pessoas

500 g de ruibarbo
110 g de mel
2 ovos médios
¼ de colher de chá de sal marinho
1 colher de sopa de xarope de bordo
2 colheres de sopa de água
35 g de amêndoas moídas
50 g de farinha de espelta integral
½ colher de chá de cremor de tártaro
1 colher de sopa de farinha de coco para polvilhar (opcional)

Preaqueça o forno a 180 °C. Unte quatro ramequins de cerca de 8 cm de diâmetro. Descasque o ruibarbo (apenas se necessário), corte em pedaços pequenos e cozinhe em fogo médio com 70 g de mel em uma panela tampada por 5-10 minutos, até ficar tenro, mas ainda não desmanchando.

Separe as gemas das claras. Bata as claras em neve com uma pitada de sal. Misture as gemas com 40 g de mel, o xarope de bordo e água usando um fuê, até a massa ficar cremosa e clara.

Junte as amêndoas moídas com a farinha de espelta e o cremor de tártaro. Coloque cuidadosamente na mistura de gemas e mexa. Em seguida, incorpore as claras. Despeje a compota de ruibarbo nas forminhas e cubra com a massa. Asse no forno quente por 15-20 minutos, até a massa crescer e ficar dourada.

Tire as forminhas do forno, deixe esfriar um pouco e polvilhe com farinha de coco se quiser.

TOFU COM CURRY AMARELO E ERVAS FRESCAS

O bom do curry é que pode ser consumido o ano inteiro, nas mais diversas versões! No verão, gostamos de saboreá-lo nesta variante com ervas e muitos vegetais frescos, crus. No outono ou no inverno, gostamos de usar abóbora aromática, que cozinhamos diretamente no molho de coco. Para dizer a verdade, somos viciados em curry!

Serve 2 pessoas

180 g de arroz jasmim integral
360 ml de água
½ colher de chá de sal marinho

300 g de tofu firme
1 cenoura
1 cebolinha com o bulbo
1 talo de aipo
100 g de repolho
um punhado de brotos de feijão-verde
1 colher de sopa de óleo de coco
2-3 colheres de pasta de curry amarela (ver receita na p. 231)
300 ml de leite de coco
2 folhas de limão-kaffir

½ maço de coentro
2-3 ramos de manjericão tailandês
1-2 ramos de hortelã
um punhado de amendoins torrados
2 colheres de chá de suco de limão-taiti
3 colheres de chá de xarope de arroz
1 colher de chá de vinagre de arroz

Lave bem o arroz, coloque na água fervente com sal e deixe cozinhar em fogo baixo por cerca de 35 minutos com a tampa fechada.

Enquanto isso, corte o tofu em pedaços ou fatias médias. Descasque a cenoura e corte à *julienne*. Pique a cebolinha e o aipo em fatias finas, assim como o repolho. Misture os vegetais com os brotos de feijão.

Aqueça o óleo de coco em uma frigideira, acrescente a pasta de curry, mexendo sempre (a quantidade vai depender do nível de ardência desejado), e refogue o tofu nessa mistura em fogo médio até dourar e ficar crocante. O óleo não deve esquentar demais para que as especiarias da pasta não queimem. Acrescente o leite de coco e as folhas de limão e deixe apurar em fogo baixo por cerca de 10 minutos.

Enquanto isso, tire as folhas das ervas e triture os amendoins. Faça um molho com 1 colher de chá de suco de limão-taiti, 2 colheres de chá de xarope de arroz, o vinagre de arroz e uma pitada de sal. Acrescente o suco de limão e o xarope de arroz restantes e sal ao curry e retire as folhas de limão. Sirva o arroz em um prato e o curry em outro, coberto com os legumes e as ervas e regado com o molho. Finalize com os amendoins.

MINESTRONE VERDE COM PESTO DE ERVAS

Serve 4 pessoas

PARA O PESTO DE ERVAS

um punhado de ervas frescas (nós usamos segurelha, manjerona, manjericão, tomilho e orégano)
5 colheres de sopa de azeite de oliva
1 colher de chá de suco de limão-siciliano
sal marinho a gosto

PARA O MINESTRONE

1 brócolis
um punhado de vagens
500 g de tomates verdes
3 abobrinhas pequenas
4 talos de aipo
3 cebolinhas com o bulbo
2 chalotas
1-2 dentes de alho
2 colheres de chá de azeite de oliva
200 g de favas frescas (pesadas sem as vagens)
250 g de ervilhas frescas (pesadas sem as vagens)
1 l de caldo de legumes (ver receita na p. 228)
sal marinho a gosto
pimenta-do-reino moída na hora a gosto

Cozinhar fora de casa, ao ar livre – para nós, isso tem muito a ver com se concentrar no essencial. Estar no meio da natureza, se esquecer de todos os utensílios elétricos da cozinha e lidar com fogo e alimentos frescos são práticas muito especiais. Como o dia em que passamos na casinha de jardim de uma amiga, no meio de gramados com árvores frutíferas. À nossa volta, as frutas doces estavam penduradas nas árvores e no jardim havia uma imensidão de ervas. Cozinhamos em um fogão antigo, que tinha ficado lá fora como decoração e que durante anos ninguém mais usou. Mas acendemos o fogo e conseguimos preparar este delicioso minestrone com pesto de ervas. No fim, o que conta mesmo são os ingredientes bons e frescos.

Para o pesto, separe as folhas dos talos duros das ervas, pique grosseiramente e faça um purê misturando com o azeite de oliva e o suco de limão-siciliano. Tempere com o sal.

Corte os legumes em pedaços de tamanhos iguais, para que fiquem cozidos ao mesmo tempo. Separe floretes pequenos de brócolis e, se for preciso, descasque e pique o talo. Tire o fio e corte as vagens ao meio, se necessário. Divida os tomates em quatro, corte a abobrinha ao meio no sentido do comprimento e depois fatie junto com os talos de aipo e as cebolinhas.

Descasque as chalotas e o alho, pique e refogue em um pouco de azeite. Acrescente os brócolis, as favas, o aipo e as ervilhas e refogue mais um pouco. Junte o caldo de legumes, tempere com sal e pimenta e deixe ferver. Depois de aproximadamente 4 minutos, junte os demais legumes e continue cozinhando em fogo brando por 4-5 minutos. Gostamos dos legumes muito crocantes, mas deixe cozinhar mais um pouco, se preferir que fiquem tenros. No fim do cozimento, ajuste o sal e a pimenta. Distribua o minestrone em pratos e decore com um pouco de pesto de ervas.

SALADA DE ERVAS SILVESTRES COM FALAFEL DE FAVAS

Quando se trata dos nossos pratos prediletos, o falafel não pode faltar! Esses bolinhos são muito versáteis: com legumes, salada e um molho de tahine em pão pitta, embrulhados para viagem. Com homus e legumes grelhados, ficam perfeitos para uma fome mais intensa, mas sem deixar de ser leves, ideais para o verão. Neste prato, eles aparecem combinados com uma salada de ervas silvestres e são nossa aposta para entrada ou jantar leve. Acrescidos de favas, eles ficam com um sabor muito fresco. Na salada, usamos um vinagre balsâmico de framboesa. Esse tipo de vinagre frutado é mais espesso e não tão ácido. Se, em vez disso, você optar por vinagre de framboesa comum, será necessário eventualmente equilibrar a acidez acrescentando mais xarope de arroz.

Deixe o grão-de-bico de molho em água fria na véspera. No dia seguinte, lave bem e deixe escorrer em uma peneira. Nesta receita, o grão-de-bico não é cozido.

Cozinhe as favas em água salgada fervente por 5 minutos, escorra e solte a casca branca. Descasque e pique a chalota e o alho. Triture as sementes de cominho e coentro no pilão. Tire as folhas das ervas. Passe todos os ingredientes do falafel (exceto óleo para fritar) no mixer ou processador até obter uma mistura de textura média. O resultado não pode ser um pó fino demais, senão os bolinhos ficarão muito densos, e a massa deve ser homogênea para que eles permaneçam leves e suculentos.

Aqueça bastante óleo em uma panela alta até atingir 160 °C (se surgirem bolhas quando um palito for colocado nele, a temperatura ideal foi atingida). Usando duas colheres de sopa, forme bolinhos alongados com porções da massa. Frite um a um no óleo por aproximadamente 5 minutos, até dourarem. Tire cada falafel pronto com uma escumadeira e coloque sobre papel-toalha.

Prepare o molho misturando vinagre, azeite de oliva, mostarda e xarope de arroz e tempere com sal e pimenta. Regue a mistura de alfaces e as amoras com esse molho e cubra com os bolinhos.

Serve 2 pessoas

PARA O FALAFEL

150 g de grão-de-bico cru
150 g de favas frescas (pesadas sem as vagens)
1 chalota
1-2 dentes de alho
1 colher de chá de sementes de cominho
½ colher de chá sementes de coentro
½ maço de salsinha
3-4 ramos de coentro fresco
1 colher de chá de suco de limão-siciliano
½ colher de chá de cremor de tártaro
½ colher de chá de sumagre em pó (ver p. 26)
sal marinho a gosto
óleo de canola para fritar

PARA A SALADA

3 colheres de sopa de vinagre balsâmico de framboesa
1 colher de sopa de azeite de oliva
1 colher de chá de mostarda de Dijon
1 colher de chá de xarope de arroz
120 g de folhas novas de alface (mistura de alfaces *baby* e ervas silvestres, por exemplo pimpinela e erva-alheira)
150 g de amoras
sal marinho a gosto
pimenta-do-reino moída na hora a gosto

TORTA DE COCO E FRUTAS VERMELHAS

Rende 1 torta (16-18 cm de diâmetro)

PARA A MASSA

150 g de amêndoas
30 g de sementes de girassol
30 g de avelãs sem casca
10 g de tâmaras sem caroço
60 g de óleo de coco
½ colher de chá de sal marinho

PARA A COBERTURA

50 g de amido de milho
500 ml de leite de amêndoas (ver receita na p. 230)
500 ml de leite de coco
6 colheres de sopa de coco ralado
5 colheres de sopa de xarope de arroz
uma pitada de sal marinho
90 g de semolina
350 g de frutas vermelhas variadas

Unte uma fôrma desmontável de 16-18 cm de diâmetro. Para a base, triture finamente as amêndoas, as sementes de girassol, as avelãs e as tâmaras. Derreta o óleo de coco, coloque o sal, acrescente os ingredientes triturados e misture. Pressione bem essa massa no fundo da fôrma e leve à geladeira por pelo menos 30 minutos.

Para a cobertura, misture o amido com 6 colheres de sopa de leite de amêndoas e mexa até ficar homogêneo. Coloque o restante do leite de amêndoas, o leite de coco, o coco ralado, o xarope de arroz e o sal em uma panela e deixe ferver. Assim que levantar fervura, acrescente a mistura de amido, bata com um fuê e continue mexendo até engrossar. Vá acrescentando a semolina aos poucos e continue mexendo por 5 minutos em fogo baixo, até firmar. Coloque a cobertura quente sobre a base da torta e deixe esfriar. Cubra e deixe na geladeira por pelo menos 5 horas, de preferência até o dia seguinte, para endurecer. Pouco antes de servir, separe e limpe as frutas vermelhas e espalhe sobre a torta.

SALADA DE PEPINO COM TOFU CROCANTE DE AMENDOIM

Serve 2 pessoas

PARA O TOFU DE AMENDOIM
400 g de tofu firme
1 ramo de capim-limão
1 dente de alho
1 pimenta chili vermelha fresca
4 colheres de sopa de molho tamari
4 colheres de sopa de xarope de arroz
2 colheres de sopa de pasta de amendoim lisa
2 colheres de chá de óleo de gergelim tostado e um pouco mais para fritar

PARA DECORAR
25 g de gengibre fresco
óleo de canola para fritar

PARA A SALADA DE PEPINO
2 pepinos
2 colheres de sopa de vinagre de arroz
1 colher de sopa de xarope de arroz
1 colher de chá de óleo de gergelim
½ colher de chá de sal marinho
½ maço de manjericão tailandês
2 colheres de sopa de sementes de gergelim preto

Para o tofu ficar bem crocante, preasse no forno preaquecido a 200 °C. Corte o tofu em cubos, espalhe sobre uma assadeira forrada com papel-manteiga e asse por 20-25 minutos, até ficar crocante.

Enquanto isso, prepare a marinada. Retire as folhas duras externas do capim-limão e corte os 5 cm abaixo do talo em fatias finas (o restante pode ser aproveitado em uma sopa asiática, por exemplo). Descasque o alho. Retire as sementes da pimenta, pique finamente junto com o alho e as fatias de capim-limão, em seguida misture bem com o tamari, o xarope de arroz, a pasta de amendoim e 2 colheres de chá de óleo de gergelim.

Tire o tofu do forno, deixe esfriar um pouco e deixe na marinada por pelo menos 20 minutos.

Para decorar, descasque o gengibre e corte em fatias finas. Em uma panela pequena, aqueça aproximadamente 2 cm de altura de óleo e frite o gengibre até ficar dourado. Retire e escorra em papel-toalha.

Para a salada, fatie finamente um dos pepinos. Corte o outro pepino ao meio no sentido do comprimento, retire as sementes com uma colher e pique em tiras à *julienne*.

Para o molho da salada, misture o vinagre e o xarope de arroz, o óleo de gergelim e o sal e acrescente aos pepinos, incorporando o molho. Tire as folhas do manjericão tailandês.

Aqueça um pouco de óleo de gergelim em uma frigideira e frite o tofu marinado junto com 2-3 colheres de sopa da marinada em fogo médio. Vire de vez em quando, para que a marinada caramelize e envolva bem o tofu. Sirva sobre a salada de pepino e salpique com folhinhas de manjericão, gengibre frito e gergelim preto.

POLENTA COM CHILI DE LEGUMES GRELHADOS

Serve de 2-3 pessoas

PARA O CHILI

130 g de feijão-rajado
1 kg de tomates para molho
1 colher de chá de sementes de coentro
1 ½ colher de chá de sementes de cominho
2 pimentas chili vermelhas frescas
2 dentes de alho
2 pimentões vermelhos grandes
2 abobrinhas pequenas
1 cebola roxa
1 colher de sopa de azeite de oliva
2 colheres de chá de suco de limão-taiti
2 colheres de chá de xarope de arroz
pimenta-de-caiena a gosto
½ maço de coentro fresco
sal marinho a gosto a gosto
pimenta-do-reino moída na hora a gosto

PARA A POLENTA

4 espigas de milho verde
200 ml de água
250 ml de caldo de legumes (ver receita na p. 228)
30 g de parmesão
30 g de manteiga
sal marinho a gosto
pimenta-do-reino moída na hora a gosto

Sim, até a polenta reserva surpresas! Você alguma vez já preparou uma polenta com milho fresco? O sabor é maravilhosamente aromático e adocicado – um contraste perfeito com o chili picante de legumes.

Para o chili, coloque de molho o feijão na véspera durante pelo menos 8 horas, em bastante água fria. No dia seguinte, troque a água, leve ao fogo até ferver e cozinhe durante cerca de 1 hora, até que os feijões estejam tenros. Enquanto isso, faça um corte em cruz nos tomates, escalde com água fervente e tire a pele. Divida ao meio, remova o talo e as sementes e pique grosseiramente em cubos. Triture as sementes de coentro e cominho no pilão. Descarte as sementes das pimentas, descasque o alho e pique ambos finamente. Tire a pele dos pimentões e corte em pedaços pequenos; fatie as abobrinhas. Descasque a cebola e corte em pétalas. Doure a pimenta, o alho e os temperos no azeite de oliva em fogo médio. Acrescente o tomate, tempere com sal e pimenta, deixe ferver e cozinhe em fogo baixo. Mexa de vez em quando.

Enquanto isso, para fazer a polenta, descasque e lave o milho, corte e retire os grãos do sabugo. Em uma panela, ferva a água e o caldo de legumes, acrescente o milho e deixe cozinhando em fogo médio por 15 minutos com a tampa fechada. Enquanto isso, rale o parmesão. Bata o milho com o líquido até obter um purê ralo e deixe cozinhar novamente na panela aberta por mais 10-15 minutos em fogo médio, até engrossar. Mexa de vez em quando.

Enquanto o milho cozinha, grelhe o pimentão, a abobrinha e a cebola até ficarem tenros, mas ainda um pouco crocantes. Tempere com sal. Acrescente os feijões ao chili e tempere com o suco de limão, o xarope de arroz e a pimenta-de-caiena. Ajuste o sal.

Junte o parmesão e a manteiga à polenta e tempere com sal e pimenta. Deixe os legumes grelhados tomarem gosto no molho por alguns instantes, ou sirva separadamente com a polenta. Salpique o prato com folhas de coentro.

ESPIGAS DE MILHO FRITAS

Nham, legumes doces! Quanto mais frescas as espigas de milho, maior o teor de açúcar. Sabemos que elas estão frescas quando as folhas externas ainda estão com aquele verde bonito, mas o cabelo já está seco. É assim que o milho é mais gostoso. Cozinhamos a espiga em seu invólucro natural: dessa forma, ela fica mais suculenta.

Rende 4 espigas

4 espigas de milho verde
1 dente de alho
3 ramos de salsinha
2 ramos de endro
1 colher de chá das raspas e
½ colher de chá do suco de
1 limão-siciliano orgânico
50 g de manteiga amolecida
sal marinho a gosto
pimenta-do-reino moída na hora a gosto

Preaqueça o forno a 180 °C. Solte cuidadosamente as folhas da espiga e dobre para baixo, mas não corte. Retire os cabelos. Lave e seque o milho.

Descasque o alho. Separe as folhas das ervas, pique junto com o alho e misture com as raspas e o suco de limão e a manteiga. Tempere com sal e pimenta. Distribua dois terços da manteiga de ervas sobre as espigas de milho.

Volte a cobrir o milho com as folhas e amarre com um barbante de cozinha para prender. Asse o milho em uma grelha no forno por cerca de 20 minutos, virando na metade do tempo.

Tire o milho do forno e volte a abrir as folhas. Elas podem ser trançadas ou enroladas, um auxílio natural para segurar o milho. Nesse ponto, as espigas já estão prontas, mas alguns aromas ainda serão adicionados: para isso, esquente bem uma frigideira sem óleo e frite o milho rapidamente de todos os lados. Eles também podem ser colocados na grelha, claro. Para servir, espalhe a manteiga de ervas restante sobre as espigas.

NHOQUE DE AMÊNDOAS À ROMANA

Serve 4 pessoas

50 g de parmesão
850 ml de leite de amêndoas
(ver receita na p. 230)
70 g de manteiga
200 g de semolina de trigo durum
50 g de amêndoas moídas
1-2 colheres de chá de sal marinho
½ maço de sálvia
pimenta-do-reino moída na hora a gosto
noz-moscada ralada na hora a gosto

manteiga para untar

Rale o parmesão. Leve o leite de amêndoas ao fogo até ferver e derreta 50 g de manteiga nele. Acrescente a semolina e as amêndoas, mexendo com um fuê, junte ¾ do parmesão ralado e tempere a massa com sal, pimenta e noz-moscada. Deixe cozinhar em fogo brando por cerca de 15 minutos, mexendo sempre, até que a semolina tenha inchado e a massa se tornado um purê firme.

Unte uma assadeira com a mateiga. Espalhe a massa de semolina até atingir 1,5-2 cm de altura e deixe esfriar.

Preaqueça o forno a 180 °C e unte uma fôrma para suflê baixa. Com auxílio de um cortador de biscoitos redondo, faça círculos de qualquer tamanho na massa de semolina já firme e espalhe na fôrma, cobrindo com as folhas de sálvia. Salpique tudo com o parmesão restante, cubra com os 20 g restantes de manteiga em pedaços e asse os nhoques no forno por cerca de 15 minutos, até ficarem dourados.

SALADA DE TOMATES E MELANCIA

Serve 2 pessoas, como prato principal leve
Serve 4 pessoas, como entrada

750 g de melancia (pesada sem a casca)
100 g de tomates coloridos grandes
1 chalota
1 dente de alho
1 colher de sopa de azeite de oliva
1 colher de sopa de suco de limão-siciliano
1 colher de sopa de xarope de arroz
½ maço de manjericão
200 g de muçarela de búfala
sal marinho a gosto
pimenta-do-reino moída na hora a gosto

Ela é simples, mas é justamente por isso que amamos esta maravilhosa salada de verão. Não há o que melhorar no aroma de um tomate fresco, amadurecido ao sol. Aliás, o molho que sobra no prato é muito saboroso. Você precisa mergulhar uma focaccia fresquinha nele!

Corte a melancia sem a casca em pequenos triângulos. Divida os tomates ao meio, tire o talo e pique em pedaços pequenos. Misture a melancia e os tomates em uma tigela grande.

Descasque e pique a chalota e o alho e refogue no azeite de oliva em uma frigideira. Acrescente o suco de limão e o xarope de arroz, tempere o molho quente com sal e pimenta e use para regar a salada. Rasgue as folhas de manjericão e a muçarela e misture à salada.

PÊSSEGOS GRELHADOS COM FAROFA DE PISTACHE

Pratos doces muitas vezes só ganham um toque especial com um pouquinho de sal, neste caso o pistache salgado. Apesar de esta receita ser preparada num instante, ela se transforma em uma experiência gustativa única pela combinação dos diversos aromas e texturas: é frutada, com sabor defumado, doce e salgado, cremosa e crocante ao mesmo tempo.

Serve 6 pessoas

PARA O CREME

120 g de castanhas-de-caju
3 tâmaras
1 fava de baunilha
180 ml de leite de coco
1 colher de chá de suco de limão-siciliano
uma pitada de sal marinho

PARA A FAROFA

80 g de pistaches sem casca salgados e torrados
25 g de amêndoas moídas
50 g de farinha de espelta integral
40 g de açúcar de coco
¼ de colher de chá de sal marinho
40 g de aveia em flocos finos
50 g de margarina vegetal fria

PARA FINALIZAR

6 pêssegos

Para o creme, coloque de molho as castanhas-de-caju em bastante água fria por pelo menos 4 horas (ou desde a véspera).

Escorra as castanhas em uma peneira. Tire o caroço das tâmaras e pique finamente. Abra a fava de baunilha no sentido do comprimento e raspe as sementes (a fava pode ser colocada em um vidro com açúcar de coco ou mascavo; assim em pouco tempo se obtém um açúcar aromatizado com baunilha). Em um mixer, bata metade da baunilha com os ingredientes restantes do creme, até virar uma massa homogênea. Leve à geladeira até o momento de usar.

Preaqueça o forno a 180 °C. Forre uma assadeira com papel-manteiga. Para a farofa, triture 50 g de pistache e misture com as amêndoas, a farinha de espelta, o açúcar, o sal, o restante da baunilha e a aveia. Corte a margarina em cubinhos, junte à mistura de amêndoas e esfarele com os dedos. Asse essa farofa grossa por cerca de 15 minutos no forno quente, até dourar e ficar marrom clara.

Enquanto isso, corte os pêssegos ao meio, tire os caroços e frite em uma grelha quente com o lado do corte para baixo durante cerca de 5 minutos. Disponha as metades de pêssego em pratos, cubra com a farofa e o pistache restante e sirva com o creme.

ORECHIETTE COM ERVILHAS E FAVAS

Para conseguir orechiette tão perfeitos e preparados tão rápido quanto faria uma autêntica mamma *italiana, provavelmente precisaríamos de milhares de horas de treino. Mas depois de pegar o jeito, não é tão difícil quanto parece! Tente! Se não der certo, você pode aproveitar a massa para fazer outros formatos.*

Para a massa, misture a farinha, a semolina, a água, 1 colher de chá de sal e o azeite em uma tigela e sove por pelo menos 5 minutos, até obter uma massa homogênea. Caso fique muito dura, acrescente um pouco mais de água; caso grude nas mãos, acrescente farinha. Embrulhe a bola de massa com filme plástico e deixe descansar por 30 minutos.

Em uma superfície enfarinhada, corte a massa em quatro partes e molde um rolo da largura de um dedo com cada uma delas. Corte em pequenas fatias de 5 mm e forme os orechiette: para isso, encoste o lado cego e redondo de uma faca de cozinha na parte superior da fatia num ângulo de 30 graus, puxando em sua direção com uma leve pressão. Com esse movimento, a faca acaba levantando um pouco a massa, o que cria as ranhuras típicas. Com o dedo, vire cada uma delas, de modo que o lado áspero fique para fora.

Para os vegetais, ferva as favas durante 5 minutos em bastante água salgada, remova com a escumadeira e tire a pele branca. Descasque e pique finamente o alho. Torre os pinoli em uma frigideira sem óleo até dourarem ligeiramente.

Volte a ferver a água das favas e cozinhe os orechietti por 10-12 minutos.

Aqueça o azeite em uma panela e doure o alho. Acrescente as ervilhas e as favas e coloque o caldo. Separe as folhas de tomilho do ramo e junte ao caldo. Deixe cozinhar em fogo brando por aproximadamente 5 minutos, até os legumes ficarem tenros. Adicione o creme de leite de caju e tempere o molho com o suco de limão, sal e pimenta. Escorra a massa pronta e despeje diretamente no molho. Antes de servir, enfeite com pinoli tostados e raspas de limão.

Serve 2 pessoas

PARA A MASSA

100 g de farinha integral de espelta, mais um pouco para trabalhar
100 g de semolina de trigo durum
100 ml de água
1 colher de chá de sal marinho
1 colher de sopa de azeite de oliva

PARA OS VEGETAIS

150 g de favas frescas (pesadas sem as vagens)
1 dente de alho
um punhado de pinoli
1 colher de chá de azeite de oliva
150 g de ervilhas frescas (pesadas sem as vagens)
150 ml de caldo de legumes (ver receita na p. 228)
1-2 ramos de tomilho
3 colheres de sopa de creme de leite de caju (ver receita na p. 229)
1 colher de sopa de suco de limão-siciliano
sal marinho a gosto
pimenta-do-reino moída na hora a gosto
1 colher de chá de raspas de 1 limão-siciliano orgânico

PANQUECAS DE ABOBRINHA COM FLOR DE ABÓBORA RECHEADA

Para as panquecas, descasque as batatas e a chalota. Rale as batatas em um ralador fino e as abobrinhas em um ralador grosso. Pique finamente a chalota. Misture tudo, tempere com o sal e reserve.

Para as flores recheadas, descasque a abóbora, tire as sementes (ambos são desnecessários se a abóbora for muito jovem) e pique grosseiramente. Remova o caroço do pêssego, descasque e pique a chalota e o alho. Refogue tudo no azeite em fogo médio por 15 minutos, até a abóbora ficar cozida. Tempere a mistura com sal e pimenta e deixe esfriar um pouco. Preaqueça o forno a 180 °C.

Enquanto isso, moa as sementes de abóbora. Reserve. Bata no liquidificador a mistura de abóbora, coloque em um pano limpo e esprema com cuidado. Dependendo da quantidade de água, deixe escorrer por mais alguns minutos, com o pano pendurado (o líquido pode ser aproveitado para um molho, por exemplo). Em uma tigela, misture o purê escorrido com as sementes de abóbora moídas, o suco de limão e o xarope de arroz.

Retire o pistilo das flores de abóbora. Recheie cada flor com cerca de 2 colheres de chá da massa de abóbora e feche, torcendo ponta. Coloque em um refratário e asse no forno quente por cerca de 10 minutos.

Enquanto as flores assam, escorra a massa da batata com abobrinha em uma peneira, espremendo um pouco. Acrescente os ovos batidos e o amido. Ajuste o sal e tempere com pimenta e noz-moscada. Em uma frigideira com óleo suficiente, frite uma a uma 8 panquecas de abobrinha pequenas; em fogo médio, isso levará cerca de 5-7 minutos de cada lado. Sirva com as flores de abóbora.

Serve 2 pessoas, como prato principal leve
Serve 4 pessoas, como entrada

PARA AS PANQUECAS DE ABOBRINHA

600 g de batatas farinhentas
1 chalota
600 g de abobrinhas
4 colheres de chá de sal marinho
2 ovos médios
2 colheres de sopa de amido de milho
pimenta-do-reino moída na hora a gosto
noz-moscada moída na hora a gosto
óleo de canola para fritar

PARA AS FLORES RECHEADAS

400 g de abóbora patisson branca
1 pêssego roseta (achatado)
1 chalota
1 dente de alho
1 colher de sopa de azeite de oliva
pimenta-do-reino moída na hora a gosto
50 g de sementes de abóbora
1 colher de chá de suco de limão-siciliano
1 colher de chá de xarope de arroz
8 flores de abóbora
sal marinho a gosto

RISOTO FRUTADO DE TOMATE

O tomate é uma das melhores dádivas do verão. Não conseguimos nos fartar, sempre queremos mais e mais! Por isso, esse fruto carnudo tão versátil está sempre em nossa cozinha: fresco na salada, recheado ou assado, no molho, no chutney ou na sopa. Dá pra imaginar que durante o verão usamos montes de tomate! Gostamos especialmente de preparar este risoto: por exigir um tempo mais longo de cozimento do que o arroz descascado, o arroz integral pode desenvolver melhor o aroma intenso e agridoce dos tomates assados. As alcaparras fritas são um ponto alto adicional! Para nós, este risoto é puro verão. É claro que o sabor depende integralmente do tomate certo. É fundamental que ele seja aromático. Por isso, gostamos de usar tipos antigos de tomate, que geralmente têm mais sabor que as criações novas e aguadas, vindas de produções em massa. Na feira de rua semanal, é possível encontrar tomates de todos os formatos e cores, com as mais variadas nuances de sabor. Faça o teste, provando todos eles!

Serve 2 pessoas

3 dentes de alho
2 chalotas
2 kg de tomates para molho
2 colheres de sopa de azeite de oliva, mais um pouco para fritar
2 colheres de sopa de vinagre balsâmico
sal marinho a gosto
pimenta-do-reino moída na hora a gosto

400-500 ml de caldo de legumes (ver receita na p. 228)
1 colher de sopa de manteiga
150 g de arroz integral para risoto
2 colheres de sopa de vinho branco
2 colheres de sopa de xarope de arroz (opcional)

20 alcaparras em conserva
15 g de pinoli
25 g de queijo pecorino
3-4 ramos de manjericão

Preaqueça o forno a 200 °C. Descasque e corte ao meio o alho e uma chalota. Espalhe em uma assadeira alta junto com os tomates. Regue tudo com azeite e vinagre e tempere generosamente com sal e pimenta. Asse por aproximadamente 15 minutos, retire e deixe esfriar.

Ferva o caldo de legumes e mantenha aquecido. Descasque a chalota restante e pique finamente. Derreta a manteiga em uma panela grande e refogue a chalota em fogo médio, até ficar transparente. Acrescente o arroz, refogue rapidamente e use o vinho branco para deglaçar. Em seguida, acrescente um pouco de caldo de legumes e deixe cozinhar em fogo brando. Assim que o arroz tiver absorvido quase todo o líquido, acrescente mais um pouco de caldo. Repita durante 20 minutos e mexa de vez em quando.

Enquanto isso, prepare os tomates: remova a chalota e o alho da assadeira. Tire a pele e o talo dos tomates, corte em cubos médios (se desejar, deixe alguns tomates-cereja inteiros para decorar o prato). Recolha o líquido que eles liberaram e acrescente ao arroz, junto com o suco de tomate que se formou na assadeira. Depois de aproximadamente 20 minutos, acrescente os pedaços de tomate ao risoto e tempere com sal e pimenta. Caso os tomates estejam muito ácidos, coloque um pouco de xarope de arroz. Aos poucos, adicione o caldo de legumes e continue a cozinhar por mais 30-40 minutos, mexendo de vez em quando.

Para as alcaparras fritas, esquente um pouco de azeite em uma panela pequena, não deixando ficar muito quente. Seque as alcaparras com papel-toalha, frite no azeite até não borbulharem mais. Elas ficam bem crocantes. Deixe as alcaparras escorrendo brevemente sobre papel-tolha.

Toste os pinoli em uma frigideira pequena sem óleo, até dourarem ligeiramente. Rale o pecorino e pique as folhas de manjericão. Misture ambos com o risoto pronto e ajuste o sal e a pimenta. Enfeite o risoto com pinoli, alcaparras fritas e eventualmente com os tomatinhos reservados.

TROUXINHAS COLORIDAS DE FOLHA DE BETERRABA-FORRAGEIRA

Estas trouxinhas finas de legumes são gostosas tanto quentes como frias. Se não quiser fazer as trouxinhas, enrolando e amarrando, pode simplesmente refogar as folhas de beterraba-forrageira cortadas em tiras (um pouco mais curtas do que os talos) e depois misturá-las às lentilhas e à salada de tomate, transformando tudo em um prato especial.

Rende 10 trouxinhas

10 folhas grandes
de beterraba-forrageira
1 pimenta chili vermelha grande
3 chalotas
3 dentes de alho
2 colheres de sopa e mais 1 colher
de chá de azeite de oliva
½ colher de chá de suco de limão-siciliano
75 g de lentilhas vermelhas
150 ml de caldo de legumes
(ver receita na p. 228)
1 colher de chá de zaatar (ver p. 26)
1 damasco
200 g de tomates-cereja
2-3 ramos de salsinha
sal marinho a gosto
pimenta-do-reino moída na hora a gosto

barbante culinário

Lave muito bem as folhas de beterraba. Separe e corte os talos em forma de triângulo. Tire as sementes da pimenta e pique a polpa. Descasque e fatie bem as chalotas e o alho. Aqueça 1 colher de sopa de azeite em uma frigideira, refogue a pimenta, as chalotas e o alho, até ficarem macios. Acrescente os talos das folhas de beterraba, refogue com a panela fechada em fogo médio durante mais ou menos 10 minutos, até ficarem tenras e tempere com suco de limão, sal e pimenta.

Enquanto isso, cozinhe as lentilhas no caldo de legumes por aproximadamente 10-15 minutos até ficarem tenras. Amasse ligeiramente com um garfo e tempere com sal e zaatar. Remova o caroço do damasco, corte em cubinhos e misture às lentilhas.

Corte os tomates ao meio, tire as sementes e o talo, e faça cubinhos. Pique a salsinha, misture com os tomates, 1 colher de chá de azeite, tempere com sal e pimenta e deixe apurar.

Passe as folhas de beterraba por água fervente em uma panela grande por cerca de 1 minuto; interrompa o cozimento colocando em água gelada e seque com cuidado.

Escorra o líquido dos tomates. Sobre cada folha de beterraba, coloque um pouco de cada um dos recheios (o refogado do talo, as lentilhas e a mistura de tomate). Dobre as laterais da folha para dentro, cobrindo o recheio, e enrole a folha recheada da ponta ao talo. Amarre as trouxinhas com barbante. Aqueça 1 colher de sopa de azeite em uma frigideira e frite rapidamente as trouxinhas, de todos os lados.

SANDUÍCHES DE BROWNIE E SORVETE DE FRAMBOESA

Rende 10 unidades

PARA O SORVETE DE FRAMBOESA

600 g de framboesa
10 tâmaras
400 ml de leite de coco frio

PARA OS BROWNIES

2 colheres de sopa de sementes de linhaça
3 colheres de sopa de água
100 g de chocolate meio amargo
50 g de cacau
1 colher de chá de sal marinho
150 ml de leite de amêndoas
(ver receita na p. 230)
1 fava de baunilha
80 g de açúcar de coco
3 colheres de sopa de xarope de bordo
80 g de óleo de coco
200 g de farinha de espelta integral
50 g de amêndoas moídas
1 colher de chá de bicarbonato de sódio

Apreciar um delicioso sorvete sob o sol de verão é maravilhoso! Somos incapazes de resistir à combinação de chocolate e frutas. E o melhor é que o brownie não endurece ao ser congelado. Este sorvete é uma opção de sobremesa fantástica para um churrasco.

Para o sorvete, bata a framboesa no liquidificador e passe por uma peneira. Tire os caroços das tâmaras, pique finamente e bata de novo junto com a framboesa. Bata o leite de coco frio na batedeira e misture com a massa de framboesa. Leve ao congelador e deixe congelar parcialmente. Retire do congelador e bata a cada 30 minutos para que a massa fique cremosa.

Enquanto isso, para fazer os brownies, triture a linhaça no liquidificador ou processador até ficar bem fina, misture com a água e deixe demolhar por 15 minutos para inchar. Essa é uma opção que substitui o ovo para dar liga à massa. Preaqueça o forno a 180 °C. Forre uma assadeira retangular (cerca de 20 x 30 cm) com papel-manteiga. Pique finamente o chocolate e coloque em uma tigela com o cacau e o sal. Ferva o leite de amêndoas, despeje sobre a mistura e mexa bem até o chocolate derreter.

Corte a fava de baunilha no sentido do comprimento e retire as sementes (para fazer açúcar aromatizado com baunilha, coloque a fava em um vidro com açúcar de coco ou mascavo). Acrescente a baunilha, o açúcar de coco, o xarope de bordo, o óleo de coco e a linhaça ao chocolate e misture até ficar homogêneo.

Junte a farinha com as amêndoas moídas e o bicarbonato e, então, com a ajuda de uma colher, incorpore com cuidado à mistura de chocolate; não mexa demais, para que a massa não fique dura. Despeje na assadeira e asse por 15 minutos. Deixe o brownie esfriar e corte ao meio no sentido do comprimento. Distribua o sorvete semicongelado de framboesa em uma das metades e cubra com a outra. Leve ao congelador por pelo menos 5 horas (ou na véspera) até congelar completamente. Para servir, corte em pedaços com auxílio de uma faca afiada.

BATATA AO FORNO COM COGUMELOS SILVESTRES

Quando éramos crianças, muitas vezes íamos colher cogumelos com os nossos avós. Infelizmente, não restou nada do que aprendemos sobre como reconhecer os tipos comestíveis. Pena! Porque amamos essa iguaria, e as florestas de Brandemburgo estão cheias delas! Certa vez, ao falarmos em uma roda de amigos sobre colher cogumelos, percebemos que alguns deles são verdadeiros especialistas. Eles nos levaram para a colheita. Foi uma sensação deliciosa andar pela floresta no outono, depois de tanto tempo, e ver como a cesta ia se enchendo aos poucos. Para a batata ao forno, simplesmente refogamos os cogumelos com cebola e algumas ervas frescas. Se não for possível encontrar cogumelos silvestres frescos, é claro que você pode usar champignons ou outro tipo.

Serve 2 pessoas

2 batatas farinhentas médias (aproximadamente 350 g cada)
4 ramos de salsinha
160 g de *sour cream*
300 g de cogumelos silvestres frescos
1 cebola pequena
1 colher de sopa de azeite de oliva
1 ramo de alecrim
2 ramos de tomilho
sal marinho a gosto
pimenta-do-reino moída na hora a gosto
noz-moscada ralada na hora a gosto

Preaqueça o forno a 180 °C. Escove bem as batatas, seque e enrole em papel-alumínio. Asse no forno por pelo menos 1 hora, até ficarem bem tenras (teste com um palito).

Enquanto isso, pique a salsinha, misture com o *sour cream* e tempere com sal, pimenta e noz-moscada. Limpe os cogumelos com cuidado e esfregue levemente com papel toalha para secar.

Assim que as batatas estiverem cozidas, descasque a cebola, pique em cubinhos e refogue no azeite. Acrescente os cogumelos e as ervas e frite em fogo alto virando sempre, até que o líquido que se formou evapore. Tempere os cogumelos com sal e pimenta.

Desembrulhe as batatas, faça um corte no sentido do comprimento e abra um pouco. Recheie com o *sour cream* e os cogumelos.

COUVE-FLOR TOSTADA COM ALHO ASSADO

Serve 2 pessoas

1-2 cabeças de alho
azeite de oliva para regar
sal marinho a gosto
pimenta-do-reino moída na hora a gosto

½ colher de chá de sementes de cominho
1 colher de chá de sementes de coentro
15 grãos de pimenta-do-reino
¼ de colher de chá de canela em pó
5 cravos-da-índia
½ colher de chá de sementes de anis
1 colher de chá sementes de cominho-preto (nigella)
1 colher de chá de páprica em pó
½ colher de chá de sementes de erva-doce

40 g de amêndoas
1 couve-flor grande
60 g de uvas-passas

O alho assado é uma experiência e tanto: como ele cozinha na própria casca, os dentes ficam deliciosamente macios e se dissolvem quase só de olhar. Além disso, eles adquirem um sabor fantástico, adocicado e picante ao mesmo tempo. Quando temos convidados, preferimos servir as cabeças de alho separadas da couve-flor, para que todos se sirvam à vontade. Por isso, a quantidade também é variável nessa receita. Afinal de contas, alho é questão de gosto!

Preaqueça o forno a 200 °C. Corte a parte de cima das cabeças de alho, coloque cada uma em um pedaço de papel-alumínio, regue com um pouco de azeite de oliva e tempere com sal e pimenta. Feche o papel-alumínio e asse por cerca de 40 minutos.

Enquanto isso, triture grosseiramente as especiarias e misture com 1 colher de chá de sal. Triture grosseiramente as amêndoas. Separe a couve-flor em floretes pequenos ou pique em pedaços, distribua sobre uma assadeira e regue com 3 colheres de sopa de azeite. Salpique com as especiarias, as passas e as amêndoas. Ligue o grill (ou coloque o forno na temperatura máxima) e junte a couve-flor ao alho que está no forno, abrindo o papel-alumínio para dourar. Asse tudo por 15 minutos, até que a couve-flor doure.

QUICHE COLORIDA DE LEGUMES

Para a massa, misture a farinha com o painço moído e o sal. Acrescente a manteiga em pedacinhos e o ovo. Sove rapidamente, achate a massa, embrulhe em filme plástico e deixe na geladeira por aproximadamente 30 minutos.

Enquanto isso, faça a cobertura: pique a salsinha e a cebolinha e bata com o ovo e o *sour cream*. Tempere com bastante sal, pimenta e noz--moscada.

Para a cobertura, divida as abobrinhas ao meio no sentido do comprimento. Descasque as batatas e as cenouras. Corte os legumes em tiras finíssimas com o descascador. Fatie o tomate sem o talo em rodelas finas. Tempere os legumes com sal e pimenta.

Preaqueça o forno a 200 °C. Unte uma fôrma desmontável ou de quiche (26 cm de diâmetro). Abra a massa sobre uma superfície enfarinhada até ficar fina e com o diâmetro um pouco maior do que o da fôrma. Coloque sobre a fôrma, puxe as laterais para formar uma borda e perfure toda a extensão com um garfo. Distribua um pouco de cobertura e vá posicionando os legumes alternadamente lado a lado na massa. Forme uma espiral, trabalhando de fora para dentro. No final, distribua o restante da cobertura.

Asse a quiche na parte baixa do forno por cerca de 50 minutos. Se no final a massa começar a ficar muito escura, cubra frouxamente com papel-alumínio, para que a água da condensação possa evaporar.

Rende 1 quiche (26 cm de diâmetro)

PARA A MASSA

200 g de farinha de trigo integral, mais um pouco para trabalhar
50 g de painço
1 colher de chá de sal marinho
120 g de manteiga fria
1 ovo médio

PARA A COBERTURA

4 ramos de salsinha
3 cebolinhas com o bulbo
200 g de *sour cream*
1 ovo médio
sal marinho a gosto
pimenta-do-reino moída na hora a gosto
noz-moscada ralada na hora a gosto

PARA O RECHEIO

1 abobrinha
2 batatas médias firmes
2 cenouras
1 tomate grande e carnudo
sal marinho a gosto
pimenta-do-reino moída na hora a gosto

manteiga para untar

BOLO DE CENOURA

Rende 1 bolo retangular
(aproximadamente 20 x 30 cm)

PARA A COBERTURA

180 g de castanhas-de-caju
1 fava de baunilha
125 ml de leite de amêndoas
(ver receita na p. 230)
80 g de mel
1 colher de chá de raspas e 1 colher de chá de suco de 1 limão-siciliano orgânico
½ colher de chá de sal marinho
80 g de óleo de coco

PARA A MASSA

200 g de damasco seco
400 g de cenoura
100 g de nozes
4 ovos médios
½ colher de chá de sal marinho
150 g de mel
suco e raspas de 1 laranja orgânica
1 colher de chá de raspas de 1 limão-siciliano orgânico
100 ml de óleo de canola
250 g de farinha de espelta integral
150 g de amêndoas moídas
2 colheres de chá de bicarbonato de sódio
2 colheres de chá de cremor de tártaro
1 colher de chá de canela em pó

Para a cobertura, demolhe as castanhas-de-caju por pelo menos 4 horas ou durante a noite.

Escorra as castanhas-de-caju e deixe em uma peneira até secar. Corte a fava de baunilha no sentido do comprimento e raspe as sementes (para fazer açúcar aromatizado com baunilha, coloque a fava em um vidro com açúcar de coco ou mascavo). No liquidificador, bata as castanhas-de-caju e a baunilha com o leite de amêndoas, o mel, as raspas e o suco de limão e o sal, até virar um creme. Derreta o óleo de coco e incorpore ao creme aos poucos. Cubra e deixe na geladeira até o momento de usar, para que endureça um pouco e possa ser espalhada mais facilmente sobre o bolo.

Preaqueça o forno a 180 °C. Forre uma assadeira retangular (20 x 30 cm) com papel-manteiga. Para a massa, pique finamente o damasco. Descasque e rale a cenoura. Toste as nozes em uma frigideira sem óleo até ficarem perfumadas; triture grosseiramente.

Separe os ovos. Bata as claras em neve com uma pitada de sal. Misture as gemas com o mel até virar um creme. Acrescente o damasco, a cenoura ralada, o suco e as raspas das frutas cítricas e o óleo (se quiser, reserve um pouco de raspas de laranja para decorar). Misture as nozes picadas aos ingredientes secos e junte à massa de gemas; no final, incorpore as claras com cuidado. Despeje na fôrma e asse por aproximadamente 35 minutos, até que um palito inserido no centro saia seco.

Tire o bolo do forno e deixe esfriar completamente. Distribua a cobertura sobre o bolo e deixe absorver os sabores por pelo menos 5 horas ou, melhor ainda, durante toda a noite, coberto e na geladeira. Antes de servir, decore com as raspas de laranja.

LEGUMES AO FORNO COM PURÊ DE BATATAS E MOSTARDA

Serve 2 pessoas

PARA OS LEGUMES AO FORNO

400 g de cenouras novas
3 beterrabas roxas ou amarelas
3 cebolas roxas pequenas
2-3 dentes de alho
4 colheres de sopa de azeite de oliva
2 colheres de sopa de vinagre balsâmico
1 colher de sopa de xarope de arroz
sal marinho a gosto
pimenta-do-reino moída na hora a gosto

PARA O MOLHO

1 colher de chá de mostarda marrom em grãos
2 colheres de sopa de azeite de oliva
20 g de avelãs sem casca
um punhado de folhas jovens de beterraba-forrageira

PARA O PURÊ

500 g de batatas farinhentas
160 ml de leite de amêndoas (ver receita na p. 230)
2 colheres de sopa de mostarda de Dijon
40 g de margarina vegetal
noz-moscada ralada na hora a gosto
sal marinho a gosto
pimenta-do-reino moída na hora a gosto

Geralmente, preparamos purê de batata quando estamos sem tempo ou não queremos ficar muito ocupados cozinhando. Mesmo assim, nunca é sem graça: às vezes, amassamos as batatas junto com aipo-rábano ou adicionamos um toque especial com trufas. E coroamos o purê com cebolas douradas com manteiga de nozes ou incrementamos com mostarda ou wasabi. Outros ingredientes que combinam muito são ervas frescas e óleos aromáticos. Como você pode ver, é pouco trabalho e muita variedade!

Preaqueça o forno a 180 °C. Unte uma assadeira ou uma fôrma para suflê grande. Para os legumes ao forno, remova as folhas e escove bem a cenoura e a beterraba. Corte as beterrabas menores ao meio e as maiores em quatro partes. Descasque a cebola e o alho, corte a cebola ao meio e fatie o alho. Distribua os legumes na assadeira ou fôrma. Bata bem o azeite, o vinagre balsâmico e o xarope de arroz e tempere com sal e pimenta. Espalhe o molho sobre os legumes e leve ao forno por 30-40 minutos, até os legumes ficarem tenros (teste com a ponta de uma faca).

Enquanto isso, para fazer o molho, toste os grãos de mostarda em uma frigideira sem óleo em fogo médio, mexendo sempre até começarem a saltar. Incorpore o azeite e reserve essa mistura. Corte as avelãs ao meio. Se necessário, lave as folhas de beterraba-forrageira e seque bem.

Para o purê, descasque as batatas, corte ao meio ou em quatro e cubra com água salgada, cozinhando por cerca de 20 minutos, até ficarem tenras. Esquente o leite de amêndoas. Amasse as batatas, ou passe no espremedor, e faça um purê homogêneo acrescentando o leite, a mostarda e a margarina. Tempere com noz-moscada, sal e pimenta.

Espalhe os legumes sobre o purê e distribua as folhas de beterraba e as avelãs sobre eles. Por fim, regue tudo com um fio do azeite de mostarda.

GUIOZA DE ESPINAFRE E DE BATATA-DOCE

Estes pasteizinhos asiáticos são maravilhosos, principalmente como entrada para os convidados porque, além de impressionar, são muito fáceis de fazer. Basta deixá-los preparados já no formato certo na geladeira, cobertos. Pouco antes da refeição, cozinhe no vapor. O recheio pode variar a gosto.

Serve 2 pessoas, como prato principal
Serve 4 pessoas, como entrada

PARA O MOLHO
4 colheres de sopa de molho de soja
1 colher de chá de óleo de gergelim torrado
3 colheres de sopa de xarope de arroz
1 pimenta chili vermelha grande
10 g de gengibre fresco
1 cebolinha com o bulbo

PARA O RECHEIO
250 g de batata-doce
1 pimenta chili vermelha grande
1 chalota
2 dentes de alho
2 colheres de sopa de óleo de gergelim torrado
1 colher de sopa + 2 colheres de chá de molho de soja
2 colheres de chá de vinagre de arroz
300 g de espinafre fresco
10 g de gengibre fresco
3 cebolinhas com o bulbo

PARA A MASSA
150 g de farinha de trigo (tipo 0), mais um pouco para trabalhar
2 colheres de sopa de amido de milho
150 ml de água fervente

Para o molho, misture o molho de soja, o óleo de gergelim e o xarope de arroz. Tire as sementes da pimenta, e descasque o gengibre. Pique finamente a pimenta, o gengibre e a cebolinha e adicione ao molho.

Para o recheio, descasque a batata-doce e corte em cubos bem pequenos. Tire as sementes da pimenta. Descasque a chalota e 1 dente de alho e pique finamente junto com a pimenta. Aqueça 1 colher de sopa de óleo de gergelim. Refogue a chalota, o alho e a pimenta. Acrescente a batata e frite em fogo médio por 5-10 minutos até ficar tenra. Adicione 1 colher de sopa de molho de soja e 1 colher de chá de vinagre de arroz.

Limpe o espinafre, descarte o talo e pique finamente as folhas. Descasque o alho restante e o gengibre e pique junto com a cebolinha. Em uma panela, aqueça o óleo de gergelim restante e refogue a mistura de cebola. Acrescente o espinafre e cozinhe em fogo médio com a tampa fechada, até murchar. Tempere com 2 colheres de chá de molho de soja e 1 colher de chá de vinagre de arroz.

Para a massa, misture a farinha e o amido. Acrescente a água fervente e comece misturando a farinha com uma colher de pau e depois com as mãos, até obter uma massa homogênea. Abra a massa em uma superfície enfarinhada formando um rolo e divida em 25 porções. Abra cada um formando um disco de 9 cm. Ou, usando a máquina de macarrão, faça tiras de lasanha e corte discos com um cortador redondo. Recheie metade dos deles com batata-doce e a outra com espinafre. Pressione bem a massa sobre o recheio, fechando o pastel. Forre uma cesta de bambu para cozimento a vapor com papel-manteiga e faça vários furos com uma faca. Coloque os pastéis. Ferva um pouco de água em uma panela grande ou wok, coloque a cesta sobre o vapor e cozinhe os pastéis por cerca de 10 minutos. Sirva com o molho.

HAMBÚRGUER DE ABÓBORA E GRÃO-DE-BICO

Rende 4 unidades

PARA OS HAMBÚRGUERES

150 g de grão-de-bico cru
250 g de abóbora
(pesada sem as sementes e sem a casca)
1 chalota
1 dente de alho
azeite de oliva para regar e fritar
3 ramos de salsinha
2 ramos de tomilho
25 g de sementes de abóbora
1 colher de sopa de suco de limão-siciliano
½ colher de chá de cremor de tártaro
1 colher de sopa de amido de milho
½ colher de chá de pimenta-de-caiena
sal marinho a gosto
farinha de rosca para dar liga

PARA OS PÃEZINHOS

20 g de margarina vegetal
100 ml de água morna
1 colher de sopa de xarope de arroz
10 g de fermento biológico fresco
100 g de farinha de trigo (tipo 0)
100 g de farinha de trigo integral
1 colher de chá de sal marinho
2 colheres de sopa de sementes de abóbora
2-3 colheres de sopa de leite de coco

Para os hambúrgueres, demolhe o grão-de-bico em água fria durante toda a noite.

No dia seguinte, derreta a margarina para fazer os pãezinhos. Misture a água, o xarope de arroz e o fermento esfarelado. Acrescente primeiro os dois tipos de farinha e o sal, e depois a margarina, sovando até formar uma massa homogênea e maleável. Se grudar nas mãos, acrescente mais um pouco de farinha; se ficar muito dura, use um pouco mais de água. Coloque a massa em uma tigela, cubra com um pano úmido e deixe crescer em um local aquecido por 1 hora.

Depois de crescida, amasse rapidamente, divida em quatro porções e forme bolas. Coloque em uma assadeira forrada com papel-manteiga e achate um pouco cada uma. Cubra novamente com um pano úmido e deixe crescer em um local aquecido por 1 hora.

Preaqueça o forno a 180 °C. Triture grosseiramente as sementes de abóbora. Pincele os pãezinhos com o leite de coco, salpique com as sementes de abóbora e asse por 12-15 minutos, até ficarem ligeiramente dourados. Enquanto espera a massa assar, prepare os outros ingredientes.

Para fazer os hambúrgueres, escorra o grão-de-bico em uma peneira e deixe secar bem. Fatie a abóbora. Descasque a chalota e o alho e corte em fatias. Coloque tudo em uma fôrma para suflê, regue com 1 colher de sopa de azeite e asse por cerca de 20 minutos, até a abóbora ficar tenra.

Corte a metade da abóbora em cubinhos. No liquidificador, bata a outra metade com o alho, a chalota, o grão-de-bico demolhado, a salsinha e o tomilho até ficar bem moído. Triture as sementes de abóbora e misture com a abóbora em cubos, o suco de limão, o cremor de tártaro, o amido e a pimenta-de-caiena. Tempere com sal. A massa é bem mole, mas moldável, e vai ficar mais firme ao fritar.

PARA A MAIONESE

1 colher de sopa de sementes de linhaça
125 ml de óleo de canola
1 colher de sopa de vinagre de maçã
2 colheres de sopa de xarope de arroz
3 colheres de sopa de água
1 colher de chá de mostarda de Dijon
½ colher de chá de pimenta-de-caiena
½ colher de chá de sal marinho

PARA FINALIZAR

1 cebola roxa grande
2 colheres de sopa de azeite de oliva
1 colher de sopa de vinagre balsâmico
2 colheres de chá de xarope de arroz
250 g de pastinaca
2 colheres de sopa de xarope de bordo
sal marinho a gosto
pimenta-do-reino moída na hora a gosto
50 g de mini alface-romana
óleo de canola para fritar

Para a maionese, triture a linhaça no processador e coloque com todos os outros ingredientes no copo alto do mixer. Bata em velocidade alta. Vá puxando para cima devagar, para que a maionese engrosse. Tempere com sal a gosto.

Descasque a cebola roxa, corte em rodelas e frite em 1 colher de sopa de azeite em fogo médio por aproximadamente 3 minutos, até dourar ligeiramente. Em seguida, use o vinagre balsâmico para deglaçar e acrescente o xarope de arroz.

Descasque as pastinacas, corte em fatias e frite em 1 colher de sopa de azeite em fogo médio por aproximadamente 5 minutos. Perto do final do tempo de cozimento, acrescente o xarope de bordo, vire as pastinacas várias vezes para caramelizar por igual e tempere com sal e pimenta.

Aqueça o óleo de canola em um frigideira. Com as mãos úmidas, molde um hambúrguer com a massa de abóbora e grão-de-bico e faça um teste, fritando cerca de 5 minutos de cada lado em fogo médio. Caso ele desmonte, acrescente um pouco de farinha de rosca à massa. Se a consistência estiver boa, molde quatro hambúrgueres e frite.

Corte os pãezinhos de hambúrguer ao meio, passe a maionese nas duas partes. Coloque os hambúrgueres, as pastinacas, a cebola e a alface em uma das metades de cada pão e feche com a parte de cima.

SOPA DE ABÓBORA E BETERRABA AMARELA

Preaqueça o forno a 200 °C. Para a sopa, descasque a beterraba amarela e corte em quatro. Retire as fibras da parte interna da abóbora e corte a polpa em tiras (a abóbora Hokkaido não precisa ser descascada). Distribua ambas em uma assadeira ou em uma fôrma para suflê grande. Corte a fava de baunilha no sentido do comprimento, raspe as sementes e misture com a canela, o sal e a pimenta. Salpique essa mistura sobre os legumes e adicione a fava de baunilha. Por fim, regue com azeite e asse no forno quente por 25-30 minutos, até ficarem tenros, o que pode ser verificado espetando uma faca.

Enquanto isso, prepare a guarnição: descasque as beterrabas roxa e amarela e corte em fatias finas com o descascador de legumes. Em uma panela alta, aqueça bastante óleo a 160 °C (ele estará na temperatura certa quando um palito colocado nele fizer pequenas bolhas). Frite as fatias de beterraba em pequenas porções, durante 4 minutos cada uma. Retire com uma escumadeira e escorra em papel-toalha. Toste as sementes de abóbora em uma frigideira sem óleo até ficarem perfumadas e triture bem.

Assim que os legumes no forno estiverem quase prontos, descasque o alho, a chalota e o gengibre para a sopa, picando tudo em cubinhos. Triture as sementes de cominho no pilão. Em uma panela grande, aqueça o óleo de coco e refogue o alho, a chalota, o gengibre, o cominho e a cúrcuma. Junte o leite de coco e o caldo de legumes. Acrescente os legumes assados à sopa, ferva tudo, bata com o mixer ou no liquidificador e tempere com sal e pimenta. Enfeite a sopa com óleo de sementes de abóbora, sementes de abóbora, chips de beterraba e um pouco de sal marinho grosso.

Serve 2 pessoas

PARA A SOPA

300 g de beterraba amarela
450 g de abóbora Hokkaido
1 fava de baunilha
½ colher de chá de canela em pó
1 colher de sopa de azeite de oliva
1 dente de alho
1 chalota
10 g de gengibre fresco
1 colher de chá de sementes de cominho
1 colher de chá de óleo de coco
½ colher de chá de cúrcuma em pó
250 ml de leite de coco
500 ml de caldo de legumes (ver receita na p. 228)
sal marinho a gosto
pimenta-do-reino moída na hora a gosto

PARA A GUARNIÇÃO

1 beterraba roxa
1 beterraba amarela
óleo de canola para fritar
um punhado de sementes de abóbora
óleo de semente de abóbora para enfeitar
sal marinho grosso para salpicar

TRANÇAS DE CANELA

Rende 10 unidades

PARA A MASSA

250 ml de leite de amêndoas (ver receita na p. 230)
42 g de fermento biológico fresco
1 colher de sopa de açúcar mascavo
80 g de margarina vegetal
4 bagas de cardamomo verde
1 colher de chá de sal marinho
250 g de farinha de espelta integral
450 g de farinha de trigo (tipo 630), mais um pouco para trabalhar
2 ovos médios

PARA O RECHEIO

60 g de margarina vegetal
6 colheres de sopa de açúcar mascavo
1 colher de sopa de canela em pó

PARA A CALDA

60 ml de água
100 g de açúcar mascavo
¼ de colher de chá de sal marinho

Essas maravilhosas tranças de canela exalam a atmosfera sueca. Elas ficam ainda mais aromáticas se a massa for levada à geladeira para crescer durante a noite. Nesse caso, use apenas a metade do fermento e tampe a tigela com filme plástico.

Aqueça o leite de amêndoas até amornar e dissolva o fermento esfarelado e o açúcar. Derreta a margarina. Abra as bagas de cardamomo, triture as sementes no pilão, misture com o sal e adicione às duas farinhas. Em seguida, acrescente a margarina derretida, os ovos e a mistura de fermento e sove por pelo menos 10 minutos, até obter uma massa homogênea e maleável. Se ela grudar nas mãos, trabalhe com um pouco mais de farinha; se estiver muito dura, use um pouco mais de leite de amêndoas. Cubra a massa e deixe crescer em um local aquecido por pelo menos 1 hora, até dobrar de tamanho.

Para o recheio, derreta a margarina; misture o açúcar e a canela. Volte a amassar rapidamente a massa e divida em 10 porções. Abra cada uma delas em uma superfície enfarinhada, formando retângulos de aproximadamente 15 x 15 cm. Pincele com margarina derretida e polvilhe com a mistura de açúcar e canela. Enrole os retângulos partindo do lado maior e corte o rolo ao meio no sentido do comprimento com uma faca bem afiada. Faça uma trança com duas tiras, deixando o lado de corte para fora e junte as pontas, apertando, de modo que você obtenha um anel. Coloque em duas assadeiras forradas com papel-manteiga, deixando bastante espaço entre elas. Cubra e deixe crescer por cerca de 30 minutos em um local aquecido.

Preaqueça o forno a 180 °C. Asse uma porção de tranças de cada vez por cerca de 20 minutos, até ficarem ligeiramente douradas. Enquanto isso, ferva a água com o açúcar e o sal. Pincele essa calda nas tranças assim que saírem do forno. Elas são mais gostosas quando fresquinhas. Caso sobre alguma, no dia seguinte elas podem ser aquecidas no vapor, em uma cesta de bambu sobre água fervente; assim elas voltam a ficar macias e quentinhas.

BETERRABA ROXA COM LENTILHAS BELUGA E PURÊ DE MAÇÃ E AIPO

Embrulhe as beterrabas em papel-alumínio e asse no forno a 180 °C por 50-60 minutos, dependendo do tamanho, até ficarem macias (faça o teste espetando com um palito). Cozinhe as lentilhas em bastante água durante cerca de 25 minutos (observe as instruções da embalagem!). Elas precisam estar tenras, mas não desmanchando.

Enquanto isso, descasque as maçãs e retire o miolo. Descasque o aipo. Corte ambos em cubinhos e cozinhe no leite, em uma panela tampada, em fogo baixo durante aproximadamente 15 minutos, até amolecerem.

Para as lentilhas, descasque a cebola e o alho e pique finamente. Refogue na manteiga em outra panela. Escorra as lentilhas cozidas, acrescente ao refogado de cebola e tempere tudo com vinagre balsâmico, xarope de arroz, sal e pimenta. Adicione a salsinha picada.

Para o purê, acrescente a manteiga à mistura de maçã e aipo, bata no mixer ou no liquidificador até virar um purê e tempere com sal e noz-moscada.

Corte as beterrabas em cubos ou fatias e depois de servir, salpique com sal marinho.

Serve 2 pessoas

300 g de beterraba roxa

PARA AS LENTILHAS

200 g de lentilhas beluga
1 cebola roxa pequena
1 dente de alho
1 colher de chá de manteiga
2 colheres de sopa de vinagre balsâmico
1 colher de sopa de xarope de arroz
sal marinho a gosto
pimenta-do-reino moída na hora a gosto
5 ramos de salsinha

PARA O PURÊ

2 maçãs doces
200 g de aipo-rábano
70 ml de leite de amêndoas
(ver receita na p. 230)
1 colher de sopa de manteiga
sal marinho a gosto
noz-moscada ralada na hora a gosto

PARA FINALIZAR

sal marinho grosso para salpicar

TAGLIATELLE DE CENOURA COM MOLHO BALSÂMICO DE PAPOULA

Serve 2 pessoas

450 g de cenouras
(de preferência, amarelas)
3 figos secos
1 ramo de alecrim
1 dente de alho
1 colher de sopa de manteiga
um punhado de pinoli
2 colheres de chá de
sementes de papoula
5 colheres de sopa de caldo de legumes
(ver receita na p. 228)
sal marinho a gosto
pimenta-do-reino moída na hora a gosto
1 colher de sopa de vinagre balsâmico
queijo parmesão ralado na hora
para polvilhar

Descasque as cenouras e corte em tiras bem fininhas ou em formato de "tagliatelle" com um descascador de legumes. Corte os figos em fatias finas. Pique grosseiramente o alecrim a gosto. Descasque o alho, pique e refogue na manteiga em uma frigideira grande.

Acrescente as cenouras à frigideira e frite ligeiramente. Junte os figos, o pinoli, a papoula e o alecrim. Adicione o caldo de legumes, tempere com sal e pimenta e cozinhe com a panela tampada em fogo baixo por 10-15 minutos, até as cenouras adquirirem uma textura semelhante a do tagliatelle. Mexa de vez em quando.

No final, tempere o tagliatelle de cenoura com vinagre balsâmico e ajuste o sal e a pimenta. Sirva polvilhado com parmesão a gosto.

MASALA DOSA

As dosas, panquecas crocantes recheadas feitas de massa fermentada de arroz e lentilhas, são muito populares como comida de rua no sul da Índia. Elas vêm sempre acompanhadas de diversos tipos de chutney temperados. Apreciamos especialmente esta versão clássica com recheio de batata. Não se assuste com o cheiro um pouco estranho da massa, isso é normal! E as dosas prontas realmente são uma delícia!

Na véspera, lave bem as lentilhas e o arroz para a massa, coloque em uma tigela e cubra com água fria, deixando demolhar por pelo menos 5 horas. Escorra a água, lave novamente e bata no liquidificador ou processador com a água até obter uma massa homogênea, semelhante à massa de panqueca. Polvilhe com sal, cubra e deixe fermentando durante a noite em temperatura ambiente.

No dia seguinte, para fazer o curry, abra o coco e reserve a água. Tire metade da polpa e passe no ralo fino (guarde o restante na geladeira e coma como petisco entre as refeições). Tire as sementes da pimenta, descasque o gengibre e pique ambos. Toste as especiarias em uma frigideira sem óleo. Coloque todos os ingredientes do chutney no liquidificador ou processador, adicione 5 colheres de sopa de água de coco (se necessário, acrescente mais) e bata até obter a pasta do chutney.

Descasque as batatas e cozinhe em água e sal por 20 minutos até ficarem tenras. Corte em cubos. Descasque a cebola e fatie em rodelas. Corte as folhas de curry em tiras finas. Passe as especiarias no pilão e refogue no óleo de coco. Acrescente as batatas, a cebola e as folhas de curry e frite tudo por cerca de 10 minutos. Amasse um pouco as batatas e tempere com sal.

Aqueça um pouco de óleo de coco em uma frigideira grande, coloque uma concha de massa e espalhe rapidamente de dentro para fora com ajuda da concha para que vire um crepe fino. Frite as dosas por 2-3 minutos apenas de um lado com uma tampa por cima, até a parte de baixo dourar. Recheie a panqueca com as batatas e o chutney e dobre no meio para fechar. Repita para fazer cerca de 5 dosas.

Serve de 2-3 pessoas

PARA AS DOSAS
75 g de lentilhas urid
(lentilhas brancas partidas, também conhecidas como urid dal, ou feijão urid)
100 g de arroz basmati
250 ml de água
1 colher de chá de sal marinho
óleo de coco para fritar

PARA O CHUTNEY
½ coco seco
1 pimenta chili verde
5 g de gengibre
½ colher de chá de sementes de cominho
½ colher de chá de mostarda marrom em grãos
1 colher de sopa de suco de limão-taiti
½ maço de coentro

PARA O RECHEIO
500 g de batatas cerosas
1 cebola
10 folhas de curry fresco
1 colher de chá de mostarda marrom em grãos
1 colher de chá de cúrcuma em pó
1 colher de chá de sementes de coentro
½ colher de chá de sementes de feno-grego
1 colher de chá de sementes de cominho
1 colher de chá de pimenta-de-caiena
1 colher de sopa de óleo de coco
sal marinho a gosto

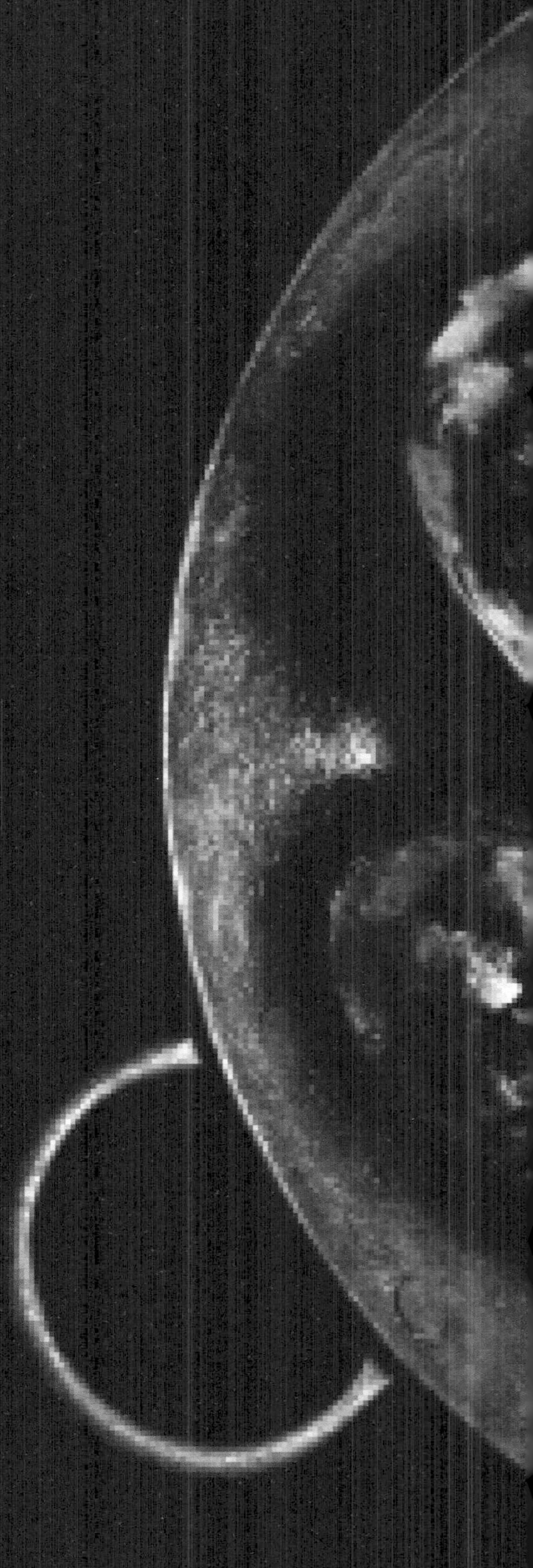

BERINJELAS RECHEADAS

Corte as berinjelas ao meio no sentido do comprimento, tire um pouco da polpa, pincele o interior com o suco de limão e sal. Pique a polpa retirada. Descasque as batatas e corte em cubinhos. Descasque a chalota e o alho e pique. Tire o caroço das tâmaras e pique finamente. Triture grosseiramente as castanhas-de-caju e toste em uma frigideira sem óleo até dourarem ligeiramente.

Preaqueça o forno a 200 °C. Unte uma fôrma para suflê. Esquente o óleo de coco em uma frigideira, refogue a chalota, o alho e a pasta de curry. Adicione a polpa da berinjela, os cubinhos de batata e a água, deixando cozinhar por cerca de 10 minutos. Acrescente as tâmaras, a castanha e a pasta de amendoim e ajuste o sal. Recheie as berinjelas com essa mistura e asse por aproximadamente 30 minutos.

Enquanto isso, tire a pele dos tomates para o molho: faça um corte em cruz, mergulhe em água fervente, deixe descansar e remova a pele. Corte os tomates ao meio, tire os talos e as sementes e pique grosseiramente. Fatie as folhas de curry em tiras finas.

Descasque a cebola, o alho e o gengibre, pique e refogue junto com a pasta de curry no óleo de coco. Adicione os tomates e as folhas de curry e deixe cozinhar em fogo médio por cerca de 20 minutos com a panela destampada. No final, acrescente o leite de coco e tempere o molho com açúcar de coco e sal. Sirva as berinjelas com o molho.

Serve 2 pessoas

PARA AS BERINJELAS

4 berinjelas médias
1 colher de chá de suco de limão-siciliano
200 g de batatas farinhentas
1 chalota
1 dente de alho
5 tâmaras
50 g de castanhas-de-caju
1 colher de sopa de óleo de coco
1 ½ colher de sopa de pasta de curry indiana (ver receita na p. 233)
2 colheres de sopa de água
2 colheres de sopa de pasta de amendoim
sal marinho a gosto

PARA O MOLHO

1 kg de tomates para molho
8 folhas de curry fresco
1 cebola
2 dentes de alho
15 g de gengibre fresco
2 colheres de sopa de pasta de curry indiana (ver receita na p. 233)
1 colher de chá de óleo de coco
200 ml de leite de coco
açúcar de coco a gosto
sal marinho a gosto

SALADA DE ARROZ SELVAGEM

Serve de 3-4 pessoas

PARA A SALADA

300 g de arroz selvagem
600 ml de caldo de legumes
(ver receita na p. 228)
270 g de abóbora
(sem sementes e pesada sem a casca)
2 colheres de sopa de azeite de oliva
1 cebola
120 g de cogumelos cantarelo
90 g de nozes
250 g de uvas
1 maço de salsinha
sal marinho a gosto
pimenta-do-reino moída na hora a gosto

PARA O MOLHO

10 g de gengibre fresco
1 colher de sopa de mel
1 colher de chá de mostarda de Dijon
3 colheres de sopa de vinagre de maçã
1 colher de sopa de azeite de oliva
sal marinho a gosto
pimenta-do-reino moída na hora a gosto

Esta salada colorida reúne quatro pontos altos da culinária do outono: cogumelos, abóbora, uvas e nozes. O arroz selvagem não dá apenas um sabor amendoado à salada, mas também é supersaudável: tem alto teor de proteínas e contém aminoácidos essenciais e minerais como ferro e fósforo. Na verdade, esses grãos milagrosos não são arroz, mas as sementes de uma gramínea selvagem do Canadá, que há milênios serve de importante fonte de alimento para os indígenas autóctones.

Cozinhe o arroz no caldo de legumes de acordo com as instruções da embalagem, em fogo baixo e em panela tampada por cerca de 40 minutos, até ficar tenro. Ele estará cozido quando uma rachadura se abrir na metade dos grãos.

Enquanto isso, preaqueça o forno a 180 °C. Pique a abóbora em cubinhos, distribua em uma assadeira, tempere com sal e pimenta e regue com 1 colher de sopa de azeite de oliva. Asse por 15-20 minutos, até amolecer.

Descasque e pique a cebola em cubinhos. Escove os cogumelos e, se possível, não os lave, apenas limpe com um pano ou uma toalha, para que não absorvam água. Aqueça 1 colher de sopa de azeite em uma frigideira e refogue a cebola. Adicione os cogumelos e frite em fogo alto por 5 minutos, virando sempre. Tempere com sal e pimenta.

Toste as nozes em uma frigideira sem óleo até ficarem perfumadas. Dependendo do tamanho, corte as uvas ao meio e, se necessário, tire as sementes. Pique a salsinha.

Para o molho, descasque o gengibre, pique grosseiramente e bata no liquidificador ou no processador junto com os demais ingredientes, até obter um vinagrete cremoso. Misture todos os ingredientes da salada com o molho e deixe apurar por 30 minutos antes de servir.

COBBLER DE AMEIXAS

Serve de 4-6 pessoas

PARA AS AMEIXAS
1,5 kg de ameixas frescas
1 anis estrelado
5 cravos-da-índia
½ colher de chá de flor de noz moscada em pó (macis)
100 ml de xarope de bordo

PARA A MASSA
350 g de farinha de espelta integral
100 g de amêndoas moídas
1 colher de sopa de fermento químico em pó
½ colher de chá de canela em pó
½ colher de chá de sal marinho
100 g de margarina vegetal fria
150 g de açúcar mascavo
100 ml de leite de amêndoas (ver receita na p. 230)

Preaqueça o forno a 180 °C. Unte uma fôrma retangular grande. Remova o caroço das ameixas e, dependendo do tamanho, corte as frutas ao meio ou em quatro. Triture os temperos no pilão e misture com o xarope de bordo. Coloque as frutas na fôrma e regue com o xarope aromatizado.

Para a massa, misture a farinha, as amêndoas moídas, o fermento em pó, a canela e o sal. Acrescente a margarina em cubinhos e esfarele até virar uma farofa fina. Adicione o açúcar e o leite de amêndoas e trabalhe a massa até ficar leve e aerada. Com uma concha para sorvete ou duas colheres de sopa, forme de oito a dez bolas de massa e distribua sobre as ameixas. Asse o cobble no forno médio por 30-40 minutos, até dourar.

PANQUECAS GRATINADAS COM CENOURA E ALHO-PORÓ

Yannic: com certeza já comi esse prato umas cem vezes. A receita original é de um livro de culinária do fim dos anos 1970, em que o recheio era feito apenas com alho-poró. Minha mãe preparou estas panquecas muitas vezes para mim e minhas irmãs no almoço – nós amávamos. É ótimo quando a infância volta com força total à primeira mordida!

Para a massa, misture a farinha, os ovos, o sal, o leite ou iogurte e 200 ml de água mineral e mexa até ficar homogêneo. Se necessário, acrescente mais água. Reserve, para que a massa cresça.

Para o recheio, descasque as cenouras e pique em cubos e fatie o alho-poró em rodelas. Cozinhe ambos no caldo de legumes por 10-15 minutos em fogo baixo, até ficarem tenros.

Enquanto isso, em uma frigideira untada com manteiga ou óleo, faça oito panquecas finas com a massa reservada. Preaqueça o forno a 200 °C.

Escorra os legumes, reservando o caldo (uma parte dele vai ser usada para o molho, o restante pode ser aproveitado para outro prato; basta colocar em um vidro com tampa de rosca e guardar na geladeira). Pique a salsinha, misture com o creme de leite e adicione aos legumes. Tempere com sal e pimenta e deixe esfriar um pouco.

No liquidificador, bata todos os ingredientes do molho com 75 ml do caldo de legumes. Recheie as panquecas com os legumes e enrole. Corte em fatias e coloque de pé em uma fôrma para suflê untada. Regue com o molho de tomate e cubra com a muçarela de búfala em pedaços rasgados manualmente. Asse por 20-25 minutos, até gratinar.

Serve 4 pessoas

PARA A MASSA
250 g de farinha de trigo integral
3 ovos médios
1 colher de chá de sal de ervas
180 g de leite ou iogurte natural
200-250 ml de água mineral fria
um pouco de manteiga ou
óleo para fritar

PARA O RECHEIO
750 g de cenoura
2 talos de alho-poró
350 ml de caldo de legumes
(ver receita na p. 228)
6 ramos de salsinha
150 g de creme de leite fresco
sal marinho a gosto
pimenta-do-reino moída na hora a gosto

PARA O MOLHO
500 g de tomates em pedaços (em lata)
100 g de creme de leite fresco
1 dente de alho
1 colher de sopa de vinho branco
1 colher de sopa de extrato de tomate
sal marinho a gosto a gosto
pimenta-do-reino moída na hora a gosto

125 g de muçarela de búfala

CURRY FRUTADO DE CERCEFI

Serve 2 pessoas

- 120 g de grão-de-bico cru
- 400 g de cercefi
- 5 folhas de couve
- 1 maçã grande
- 2 dentes de alho pequenos
- 1 cebola
- 15 g de gengibre fresco
- 8 folhas de curry fresco
- 1 colher de chá de óleo de coco
- 2-3 colheres de chá de pasta de curry indiana (ver receita na p. 233)
- 250 ml de caldo de legumes (ver receita na p. 228)
- 300 ml de leite de coco
- sal marinho a gosto

Preparar cercefi pode causar uma sujeira danada! É que o vegetal, quando descascado e cortado, solta um leite grudento e tinge de preto tudo que toca. Mas, para receitas como esta, temos uma dica: essa raiz também pode ser pré-cozida inteira e só depois ser descascada. Assim dá certo, sem ficar com os dedos grudentos!

Na véspera, deixe o grão-de-bico de molho em bastante água fria. No dia seguinte, escorra, lave e ferva com água fresca por 45-60 minutos, até amolecer. Salgue a água do cozimento apenas no final, quando estiver quase cozido.

Enquanto isso, escove bem o cercefi sob água corrente e ferva inteiro por 15 minutos em água salgada. Escorra, passe na água fria para interromper o cozimento e descasque. Corte na diagonal em fatias da espessura de um dedo. Tire os talos da couve e pique as folhas. Descasque a maçã, remova o miolo e pique em cubinhos. Descasque e pique finamente o alho, a cebola e o gengibre; pique também as folhas de curry.

Aqueça o óleo de coco em uma frigideira. Refogue a pasta de curry (a quantidade vai depender do grau de ardência desejado) com o alho, a cebola, o gengibre e as folhas de curry em fogo médio. Adicione a couve, o grão-de-bico e o cercefi e frite rapidamente. Acrescente o caldo de legumes, o leite de coco e os cubos de maçã, deixe ferver e cozinhe em fogo baixo por 10-15 minutos, até ficarem tenros. Ajuste o sal no final.

BOLO DE POLENTA COM AMEIXAS EM CALDA

Susann: Yannic ficou assustado quando contei a ele a ideia que tive. "Você não vai fazer um bolo de polenta, vai?!", perguntou. Mas eu tinha certeza de que a mistura de ameixas doces e macias com a textura granulada da polenta seria deliciosa! Portanto, ignorei seus olhares céticos, me retirei para a cozinha e pouco depois voltei com este bolo. Ele provou – e quando cortei um pedaço para levar à vizinha, ele me impediu: "O bolo não é tããããão grande assim. Acho que conseguimos comer sozinhos!".

Rende 1 bolo (20 cm de diâmetro)

PARA AS AMEIXAS

250 g de ameixas secas sem caroço
250 ml de suco de ameixa
1 fava de baunilha
2 colheres de sopa de mel
¼ de colher de chá de canela em pó
10 bagas de cardamomo verde

PARA A MASSA

2 ovos médios
uma pitada de sal marinho
100 g de margarina vegetal amolecida
75 g de açúcar de coco
100 g de polenta instantânea
150 g de amêndoas moídas
1 colher de chá de cremor de tártaro

Na véspera, demolhe as ameixas secas no suco de ameixa por pelo menos 12 horas. No dia seguinte, escorra em uma peneira e reserve o suco. Corte a fava de baunilha no sentido do comprimento, raspe as sementes e adicione ao suco de ameixa junto com a fava de baunilha, o mel, a canela e as bagas de cardamomo. Ferva o suco em uma panela destampada por cerca de 10 minutos em temperatura alta, até virar um xarope. Retire a fava de baunilha e as bagas de cardamomo.

Preaqueça o forno a 180 °C. Unte uma fôrma desmontável (20 cm) e forre o fundo com papel-manteiga.

Para a massa, separe os ovos e bata as claras em neve com uma pitada de sal. Bata a margarina com o açúcar de coco até ficar aerada. Adicione as gemas e mexa vigorosamente. Misture a polenta com as amêndoas moídas e o cremor de tártaro, junte à massa e mexa bem. Incorpore as claras em neve com cuidado.

Distribua as ameixas no fundo da fôrma e regue com o xarope. Coloque a massa por cima e nivele a superfície. Asse o bolo por 1 hora, baixando a temperatura para 150 °C depois de 20 minutos. Retire do forno e deixe esfriar na fôrma. Só então desenforme sobre o prato de servir.

CERCEFI FRITO COM CEBOLAS DE GENGIBRE

Serve 2 pessoas

250 g de cercefi
2 colheres de sopa de suco de limão--siciliano ou de vinagre de vinho branco
1 dente de alho
20 g de gengibre fresco
azeite de oliva para fritar
150 ml de caldo de legumes (ver receita na p. 228)
1 ½ colher de sopa de vinagre de vinho branco
2 colheres de sopa de xarope de arroz
1 folha de louro
4 grãos de zimbro
1 ramo de tomilho fresco
1 pimenta chili seca pequena
2 cebolas roxas
sal marinho a gosto
pimenta-do-reino moída na hora a gosto

Este prato pode ser decorado de forma muito nobre. Para tanto, separamos cada uma das várias cascas da cebola roxa, fritamos e então recheamos com o caldo de gengibre. Se achar muito trabalhoso, você pode cortar as cebolas em tiras e fritar junto com o cercefi. Depois, o prato é servido com o caldo, como salada morna de inverno.

Descasque o cercefi e coloque imediatamente em água com suco de limão ou vinagre, para não escurecer. Quando descascar, melhor usar luvas, já que o leite que sai das raízes é muito grudento e deixa os dedos pretos.

Descasque o alho e o gengibre e pique em cubinhos. Aqueça 1 colher de chá de azeite em uma panela pequena e refogue o alho e o gengibre. Adicione o caldo de legumes e o vinagre e depois acrescente o xarope de arroz, o louro, o zimbro, o tomilho e a pimenta. Ferva tudo e deixe cozinhar em panela destampada em fogo baixo por 5-10 minutos; tire do fogo. Quanto mais tempo o caldo for absorvendo os sabores, mais intenso e picante será seu aroma. Tempere o caldo pronto com sal marinho e pimenta e retire o louro, o zimbro e a pimenta.

Corte o cercefi em tiras com um descascador de legumes e frite em uma frigideira com azeite em fogo médio durante 5 minutos. Outra opção é colocar as tiras de cercefi em uma assadeira, regar com azeite e assar no forno a 200 °C por aproximadamente 15 minutos.

Enquanto isso, descasque as cebolas, corte ao meio e separe as diversas camadas. Frite em um pouco de azeite em fogo médio por 5 minutos, até que as bordas fiquem douradas.

Tempere o cercefi com sal marinho e recheie as cebolas com o caldo de gengibre.

NHOQUE DE CASTANHAS PORTUGUESAS COM COUVE-DE-BRUXELAS

Na verdade, nunca fomos muito fãs de couve-de-bruxelas – até que certo dia descobrimos que o vegetal é muito gostoso se separarmos as folhinhas uma a uma e fritarmos em seguida. Claro, dá muito trabalho, e evidentemente também é possível cortar os "repolhinhos" ao meio. Mas achamos que o esforço vale a pena!

Para o molho, deixe os cogumelos de molho na água por 1 hora. Enquanto isso, solte as folhinhas das couves. Descasque a chalota e pique em cubinhos.

Para os nhoques, cozinhe as batatas com casca em um pouco de água salgada por cerca de 20 minutos, até ficarem tenras. Triture as castanhas portuguesas, ferva com o caldo de legumes e o creme de leite de caju, e deixe cozinhar em fogo baixo por 5 minutos. Depois, bata no liquidificador até obter um purê fino. Descasque as batatas, passe no espremedor e amasse com o purê de castanhas, 100 g de semolina e 75 g de farinha, até obter uma massa homogênea, que não grude nas mãos. Se necessário, acrescente mais semolina e farinha. Tempere a massa com sal, pimenta e noz-moscada e, sobre uma superfície polvilhada com semolina, faça rolos da espessura de um dedo, cortando em pedaços de 3 cm. Faça bolinhas e role sobre uma tábua de nhoque, uma esteira de sushi ou sobre os dentes de um garfo, para que adquiram as ranhuras típicas.

Cozinhe os cogumelos na água em que ficaram de molho por 15 minutos em fogo baixo e com a panela tampada; escorra. Reserve a água dos cogumelos e passe por um filtro de café. Frite a chalota picada em 1 colher de sopa de margarina. Adicione o vermute, a água dos cogumelos, o caldo de legumes e o creme de leite de caju, deixe levantar fervura e cozinhe com a panela destampada por 5 minutos, para que o molho engrosse. Tempere com sal e pimenta.

Cozinhe os nhoques na água com sal fervente, espere que subam à superfície. Enquanto isso, derreta a margarina restante em uma frigideira antiaderente. Tire os nhoques da água com uma escumadeira e frite em fogo médio junto com a couve-de-bruxelas e os cogumelos por 5 minutos. Ajuste o sal e a pimenta e sirva com o molho.

Serve de 2-3 pessoas

PARA O MOLHO

10 g de cogumelos morel secos
150 ml de água
200 g de couve-de-bruxelas
1 chalota
2 colheres de sopa de margarina vegetal
50 ml de vermute
125 ml de caldo de legumes
(ver receita na p. 228)
50 ml de creme de leite de caju
(ver receita na p. 229)
sal marinho a gosto
pimenta-do-reino moída na hora a gosto

PARA OS NHOQUES

350 g de batatas farinhentas
sal marinho a gosto
200 g de castanhas portuguesas cozidas
100 ml de caldo de legumes
(ver receita na p. 228)
2 colheres de sopa de
creme de leite de caju
(ver receita na p. 229)
100-120 g de semolina de trigo durum, mais um pouco para trabalhar
75-100 g de farinha de trigo (tipo 0)
pimenta-do-reino moída na hora a gosto
noz-moscada ralada na hora a gosto

COZIDO DE LEGUMES COM CROÛTONS DE POLENTA

Serve de 3-4 pessoas

PARA O COZIDO

200 g de feijão branco seco
1 cebola
2 dentes de alho
1 colher de sopa de azeite de oliva
1,5 l de caldo de legumes (ver receita na p. 228)
1 pimenta chili seca pequena
1 colher de chá de sementes de cominho
2 colheres de chá de páprica em pó
½ colher de chá de tomilho seco
400 g de abóbora-menina (pesada sem sementes e sem a casca)
1 rutabaga pequena, ou nabo sueco (aproximadamente 350 g)
400 g de tomates em pedaços (em lata)
1 colher de sopa de extrato de tomate
sal marinho a gosto
1 colher de sopa de vinagre de vinho branco
1-2 colheres de sopa de xarope de arroz
pimenta-do-reino moída na hora a gosto
100 g de couve

PARA OS CROÛTONS DE POLENTA

500 ml de caldo de legumes (ver receita na p. 228)
200 g de polenta instantânea
azeite de oliva para fritar

Amamos sopas! Mas enquanto para Susann elas precisam ser frescas, crocantes e com muito caldo claro, para Yannick precisam ser cozidos encorpados de caldo grosso. Mas concordamos quando se trata deste fantástico guisado de inverno. Ao comprar os ingredientes, prefira a polenta pré-cozida. As instruções na embalagem revelam o motivo: a versão instantânea fica pronta em cerca de 10 minutos, enquanto a clássica precisa cozinhar por pelo menos 40 minutos e ser mexida o tempo todo.

Na véspera, demolhe o feijão branco em bastante água fria. Também na véspera, ferva o caldo de legumes, vá colocando aos poucos 150 g de polenta, mexendo sempre e deixe crescer em fogo baixo por 5 minutos. Unte uma fôrma baixa com azeite e coloque a polenta (quanto maior a fôrma, mais finos serão os croûtons). Deixe esfriar.

No dia seguinte, escorra e lave o feijão. Descasque a cebola e o alho e corte em cubinhos. Em uma panela grande, aqueça o azeite e refogue a cebola e o alho até começarem a ficar transparentes. Adicione o feijão e o caldo de legumes. Passe a pimenta e o cominho pelo pilão e coloque na panela junto com a páprica e o tomilho. Deixe levantar fervura. Cozinhe o feijão com a panela tampada por aproximadamente 1 hora em fogo médio até ficar tenro. Adicione sal apenas no final do cozimento.

Enquanto isso, preaqueça o forno a 250 °C, corte a polenta em cubos e role na polenta instantânea restante. Forre uma assadeira com papel-manteiga, pincele com azeite, distribua os cubos de polenta e asse no forno por 20 minutos, até ficarem dourados e crocantes.

Descasque a abóbora e a rutabaga e corte em cubinhos de cerca de 2 cm. Assim que o feijão estiver tenro, adicione os legumes, os tomates em pedaços e o extrato de tomate à sopa e tempere com vinagre, xarope de arroz (a quantidade vai depender da acidez dos tomates), sal e pimenta. Cozinhe a sopa por mais 10 minutos em fogo baixo. Descarte o talo da couve, pique as folhas e acrescente à sopa. Volte a cozinhar por mais 10 minutos, até os legumes ficarem tenros. Distribua os croûtons sobre a sopa imediatamente antes de servir.

RUTABAGA COM RAIZ-FORTE E PISTACHE

No inverno, quando tudo o que se consegue de produtores locais são raízes e repolho, às vezes sentimos saudades de um alimento fresco. Nesse caso, os brotos são a solução perfeita. Eles não só dão um aroma fresco ao prato; alguns, como os brotos de rabanete, de rúcula ou de nabo, também fornecem um agradável toque picante a legumes, saladas de inverno e sopas cremosas. É possível encontrá-los nos bons supermercados de produtos orgânicos. Neles também há sementes, caso você queira plantar. Sempre temos um estoque das mais diversas sementes no armário. Este prato de legumes se transforma em um belo prato principal, se for servido com pão fresco ou batatas salteadas.

Serve 2 pessoas

400 g de rutabaga
300 ml de caldo de legumes (ver receita na p. 228)
um punhado de pistache torrado e salgado
2-3 cm de raiz-forte
sal marinho a gosto
azeite de oliva para regar
um punhado de brotos de rabanete, de rúcula ou de nabo (opcional)

Descasque a rutabaga e corte em cubos grandes. Leve ao fogo com o caldo de legumes até ferver e cozinhe por cerca de 20 minutos. Enquanto isso, descasque os pistaches e triture grosseiramente. Descasque a raiz-forte.

Escorra a rutabaga em uma peneira (guarde o caldo; ele pode ser aproveitado em outro prato). Pique finamente os cubos ou amasse com um garfo. Rale a raiz-forte no ralo fino sobre as rutabagas. Salpique com o pistache picado, tempere com sal marinho e regue com azeite. Distribua os brotos sobre o prato, se preferir.

TORTA DE PERAS E CHOCOLATE COM CARAMELO

Rende 1 torta retangular (35 x 11 cm)

PARA AS PERAS

1 fava de baunilha

1 l de suco de pera

10 cravos-da-índia

2 paus de canela

2 anises-estrelados

6 grãos de pimenta-da-jamaica

6 bagas de cardamomo verde

4 peras pequenas

PARA A MASSA PODRE

100 g de amêndoas moídas

115 g de farinha de trigo-sarraceno

50 g de painço moído

1 colher de chá de cremor de tártaro

¼ de colher de chá de sal marinho

50 g de margarina vegetal fria

1 ovo médio

1 colher de sopa de mel

feijões ou pesinhos para assar

PARA O CARAMELO

50 g de açúcar mascavo

¼ de colher de chá de sal marinho

10 g de margarina vegetal

PARA O RECHEIO

100 g de chocolate meio amargo

65 g de margarina vegetal

1 colher de sopa de cacau em pó

2 ovos médios

50 g de açúcar de mascavo

¼ de colher de chá de sal marinho

Para preparar as peras, na véspera, corte a fava de baunilha no sentido do comprimento e raspe as sementes. Ferva ambas com o suco de pera e as demais especiarias e deixe cozinhar por cerca de 20 minutos em fogo baixo e com a panela tampada. Enquanto isso, descasque e corte ao meio as peras e remova o miolo. Adicione as metades da pera ao suco temperado, deixe esfriar e apurar durante a noite.

No dia seguinte, misture os ingredientes secos para a massa. Acrescente a margarina em cubinhos, o ovo levemente batido e o mel e amasse tudo até obter uma massa homogênea. Embrulhe em filme plástico, achate um pouco e leve à geladeira por pelo menos 30 minutos.

Para o caramelo, ferva o açúcar e o sal com 1 colher de sopa do suco temperado de pera, até caramelizar. Adicione a margarina e mais 2 colheres de sopa do caldo de pera.

Preaqueça o forno a 160 °C. Unte uma fôrma retangular de 35 x 11 cm. Pressione a massa no fundo da fôrma, faça vários furos com um garfo, cubra com papel-manteiga e preencha com os feijões ou pesinhos, para a massa não subir. Asse na parte inferior do forno por 10 minutos. Em seguida, retire os pesinhos e o papel-manteiga.

Enquanto isso, para fazer o recheio, derreta o chocolate e a margarina em banho-maria. Adicione o cacau e deixe esfriar um pouco. Bata os ovos com o açúcar e o sal até a mistura ficar aerada. Aos poucos, incorpore a massa de chocolate. Primeiramente, despeje metade do caramelo na massa já assada, seguido pelo creme de chocolate. Tire as peras da calda, deixe escorrer um pouco e distribua sobre o creme. Asse a torta por mais 35 minutos, deixe esfriar um pouco e pincele as peras com o caramelo restante (caso ele já tenha endurecido, esquente novamente por alguns instantes). Deixe esfriar em temperatura ambiente por pelo menos 2 horas; depois disso desenforme e corte em pedaços.

TORTA DE BATATAS E AIPO

As coisas simples geralmente são as melhores! Este prato é composto de apenas quatro ingredientes principais e, mesmo assim, poderíamos mergulhar nele de tão bom que é. Quando lá fora está frio e cinzento e sentimos que a depressão de inverno já está à espreita, nada melhor do que esta deliciosa torta quente de batatas com aipo – macia por dentro e crocante por fora.

Serve 2 pessoas

500 g de aipo-rábano
500 g de batatas cerosas
1 talo de alho-poró
1 colher de sopa de azeite de oliva
125 ml de caldo de legumes
(ver receita na p. 228)
sal marinho a gosto
pimenta-do-reino moída na hora a gosto
uma pitada de noz-moscada
ralada na hora

Preaqueça o forno a 200 °C. Unte uma fôrma desmontável de 18 cm de diâmetro e forre o fundo com papel-manteiga, para ficar mais fácil desenformar.

Descasque o aipo e as batatas e faça rodelas finas manualmente ou no cortador. Corte o alho-poró em fatias finas. Refogue tudo em uma frigideira grande com um pouco de azeite. Adicione o caldo de legumes e cozinhe por 5-10 minutos em fogo médio, até o líquido engrossar por causa do amido da batata.

Tempere com sal, pimenta e um pouco de noz-moscada, coloque na fôrma em camadas e pressione bem. Coloque na parte inferior do forno dentro de uma assadeira funda, pois, dependendo da fôrma, o conteúdo pode vazar um pouco. Asse a torta por 50-60 minutos, até que a superfície esteja dourada e crocante. Tire do forno e fatie na fôrma. Só então desenforme.

SALADA ARCO-ÍRIS COM MOLHO DE LARANJA E TAHINE

Serve de 3-4 pessoas

PARA O MOLHO

1 dente de alho pequeno
5 g de gengibre
2 colheres de sopa de suco de laranja
2 colheres de chá de suco de limão-siciliano
4 colheres de chá de tahine (pasta de gergelim)
2 colheres de chá de vinagre de maçã
2 colheres de chá de xarope de arroz
2 colheres de chá de mostarda de Dijon
sal marinho a gosto
pimenta-do-reino moída na hora a gosto

PARA A SALADA

1 nabo negro
3 cenouras
200 g de couve-de-bruxelas
200 g de repolho roxo
2 maçãs
1 maço de salsinha
um punhado de sementes de abóbora

Poucos ingredientes, algumas manobras e o resultado é uma salada que pode fazer felizes muitos convidados. E o melhor de tudo é que é incrivelmente versátil. Beterrabas raladas, por exemplo, também combinam muito bem com ela, assim como diversos tipos de repolho ralados, além de sementes e nozes variadas, que dão o toque crocante. Muitas vezes simplesmente vemos o que temos na geladeira e com isso preparamos esta salada especial de inverno. Sempre diferente, sempre deliciosa!

Para o molho, descasque e pique finamente o alho e o gengibre. Misture bem todos os ingredientes do molho. Nós costumamos usar o mixer, mas isso também pode ser feito em um vidro com tampa, fechando e agitando bem.

Descasque o nabo e as cenouras; rale ou corte em tiras à *julienne*. Tire as folhas externas da couve-flor-de-bruxelas e do repolho e pique ou fatie finamente. Corte as maçãs sem miolo em tiras finas. Pique a salsinha. Toste as sementes de abóbora em uma frigideira sem óleo, até ficarem perfumadas. Misture todos os ingredientes da salada com o molho e antes de servir salpique com as sementes de abóbora.

NAAN RECHEADO

Rende 2 pães de 25 cm de diâmetro

Estes pães achatados, com recheio adocicado e de sabor pronunciado, são o acompanhamento perfeito para todos os pratos indianos. Eles se tornam veganos se o ghee for substituído por óleo de coco.

PARA A MASSA

- 8 g de fermento biológico fresco
- 200 ml de água morna
- 300 g de farinha de trigo (tipo 0), mais um pouco para trabalhar
- ¼ de colher de chá de fermento químico em pó
- ½ colher de chá de sal marinho
- 1 ½ colher de chá de ghee (manteiga clarificada)

PARA O RECHEIO

- 30 g de castanhas-de-caju
- 15 g de amêndoas
- 25 g de uvas-passas
- 2 bagas de cardamomo negro
- 1 ½ colher de sopa de açúcar de coco
- uma pitada de sal marinho
- ¼ de colher de canela em pó

INGREDIENTE EXTRA

- ghee para fritar

Dissolva o fermento esfarelado em água morna. Adicione dois terços da farinha. Acrescente o fermento em pó, o sal e o ghee e misture. Junte a farinha restante e sove, formando uma massa homogênea e maleável. Se grudar nas mãos, use mais farinha; se ficar muito dura, acrescente um pouco mais de água. Cubra e deixe crescer em um local aquecido por pelo menos 1 hora.

Enquanto isso, triture bem as castanhas-de-caju, as amêndoas e as passas. Quebre as bagas de cardamomo, tire as sementes e triture no pilão. Junte com a mistura de castanhas, o açúcar de coco, o sal e a canela.

Depois que a massa crescer, abra em uma superfície enfarinhada formando 4 discos de cerca de 25 cm de diâmetro. Espalhe o recheio sobre dois pães e cubra com os outros dois. Pressione as bordas e abra novamente com o rolo de macarrão, com cuidado.

Aqueça um pouco de ghee em uma frigideira grande. Frite os pães individualmente por 1-3 minutos de cada lado. Sirva quente.

BOLINHOS DE REPOLHO ROXO SOBRE CAMA DE HOMUS DE INHAME

Serve de 3-4 pessoas

PARA O HOMUS

120 g de grão-de-bico cru
250 g de inhame
1 dente de alho
1 colher de chá de sementes de cominho
4 colheres de sopa de azeite de oliva
2 colheres de sopa de tahine (pasta de gergelim)
2 colheres de sopa de caldo de legumes (ver receita na p. 228)
1 colher de sopa de suco de limão-siciliano
sal marinho a gosto

PARA OS BOLINHOS

500 g de batatas farinhentas
sal marinho a gosto
200 g de repolho roxo
¾ colher de chá de sementes de cominho
½ colher de chá de sementes de coentro
1 dente de alho
1 chalota
1 colher de sopa de azeite de oliva
¼ de colher de chá de canela em pó
1 colher de chá de pimenta-de-caiena
1 colher de sopa de suco de limão-siciliano
2 colheres de sopa de amido de milho
óleo de canola para fritar

PARA A COBERTURA

30 g de pinoli
2 cebolas roxas pequenas
300 g de radicchio
1 colher de sopa de azeite de oliva
1 colher de sopa de zaatar (ver p. 26)

Para o homus, coloque o grão-de-bico de molho com água em uma tigela durante a noite. No dia seguinte, escorra, lave e cozinhe em bastante água fresca por 45-60 minutos. Coloque o sal apenas perto do fim do cozimento.

Enquanto isso, para fazer os bolinhos, cozinhe as batatas com a casca por 20 minutos, até ficarem tenras. Descasque, amasse grosseiramente e tempere com sal. Pique finamente o repolho roxo. Triture o cominho, o coentro e o cominho-preto no pilão. Descasque o alho e a chalota e pique bem. Refogue em uma frigideira com azeite aquecido junto com os temperos triturados no pilão, a canela e a pimenta-de-caiena. Adicione o repolho roxo e abafe, fechando a tampa, por cerca de 5 minutos em fogo médio. Tempere com o suco de limão e o sal e misture com as batatas amassadas e o amido. Forme 20 bolinhos com essa massa, reserve na geladeira dentro de um recipiente tampado até o momento de usar.

Cozinhe o inhame em água por cerca de 15 minutos até amolecer e descasque. Pique o alho descascado, triture o cominho no pilão e refogue ambos no azeite. Bata o azeite aromatizado com o grão-de-bico cozido, o inhame, o tahine e o caldo de legumes no liquidificador até virar um purê e tempere esse homus com o suco de limão e o sal.

Aqueça bastante óleo em uma panela alta até que um palito colocado nele faça pequenas bolhas. Frite os bolinhos de batata e repolho roxo em pequenas porções por cerca de 5 minutos, até dourarem. Escorra em papel-toalha e mantenha os bolinhos aquecidos no forno a 100 °C até o momento de servir.

Toste os pinoli em uma frigideira sem óleo até ficarem ligeiramente dourados. Descasque as cebolas e corte em anéis. Corte o radicchio em tiras. Frite ambos rapidamente no azeite por cerca de 1 minuto e tempere com sal e zaatar. Sirva os bolinhos com o radicchio e as cebolas sobre uma cama de homus e salpicados com os pinoli.

SORVETE DE BETERRABA SOBRE FARELOS DE CHOCOLATE

Sorvete doce feito com um legume? Quando criamos esta receita, nós mesmos estávamos um pouco céticos. No entanto, o resultado não apenas nos convenceu, como realmente nos empolgou: o sabor adocicado e o toque levemente terroso da beterraba, combinado com a doçura amarga do chocolate fazem um par dos deuses!

Embrulhe a beterraba em papel-alumínio e asse no forno a 180 °C por 50-60 minutos, dependendo do tamanho, até ficar tenra. Enquanto isso, para fazer os farelos de chocolate, amasse todos os ingredientes, formando uma massa bem seca, semelhante a uma farofa. Espalhe sobre uma assadeira forrada com papel-manteiga e asse durante 10 minutos junto com a beterraba. Deixe esfriar e esfarele.

Depois de esfriar, descasque a beterraba assada e bata no liquidificador com 75 ml de leite e a canela.

Prepare o banho-maria: coloque o chocolate em uma tigela sobre uma panela com água. Não deixe que o fundo da tigela toque a água. Derreta o chocolate em banho-maria e reserve. Para o sorvete, aqueça os 125 ml restantes de leite junto com o creme de leite em uma panela (mas não deixe ferver). Bata as gemas com o mel até ficarem bem aeradas; aos poucos, acrescente a elas, em um fio fino, a mistura quente de leite, mexendo sempre. Transfira para uma tigela de aço inox e aqueça em banho-maria, mexendo sempre, até engrossar. Depois, adicione o chocolate, seguido pelo purê de beterraba e deixe a massa esfriar.

Leve à geladeira para resfriar e, em seguida, à sorveteira para congelar. Caso não haja uma sorveteira, basta colocar a tigela no congelador e mexer bem a cada 30 minutos, para que não se formem cristais de gelo. Depois de pronto, sirva o sorvete sobre os farelos de chocolate.

Serve de 3-4 pessoas

PARA O SORVETE

200 g de beterraba
200 ml de leite integral
uma pitada de canela em pó
60 g de chocolate meio amargo
135 ml de creme de leite fresco
4 gemas médias
6 colheres de sopa de mel

PARA OS FARELOS DE CHOCOLATE

15 g de amêndoas moídas
15 g de avelãs moídas
40 g de farinha de espelta integral
15 g de manteiga amolecida
2 colheres de chá de cacau em pó
1 colher de chá de melaço de beterraba
1 colher de sopa de mel
¼ de colher de chá de sal marinho

RAVIÓLI DE BETERRABA COM MANTEIGA DE LARANJA E NOZES

Serve de 3-4 pessoas

PARA O RECHEIO
200 g de beterraba
200 g de ricota
30 g de parmesão
50 g de farinha de rosca
1 colher de chá de mel
1 colher de chá de raspas e
2 colheres de chá de suco de
1 limão-siciliano orgânico
sal marinho a gosto
pimenta-do-reino moída na hora a gosto
noz-moscada ralada na hora a gosto

PARA A MASSA DO RAVIÓLI
1 beterraba pequena (60 g)
150 g de farinha de trigo (tipo 0), mais um pouco para trabalhar
100 g de semolina de trigo durum
1 colher de chá de sal marinho
2 ovos médios
1 colher de chá de azeite de oliva

PARA A MANTEIGA
um punhado de nozes
1 ramo de tomilho fresco
1 dente de alho
30 g de manteiga
1 colher de sopa de óleo de nozes
2 colheres de chá de raspas e
2 colheres de sopa de suco de
1 laranja orgânica
1 colher de chá de mel

Há inúmeros equipamentos de cozinha que ajudam a montar raviólis: peças para adaptar na máquina de fazer massas, fôrmas pré-moldadas, pequenos aparelhos dobráveis... Já testamos muitas opções e achamos que é possível fazer belos raviólis mesmo sem esses utensílios auxiliares. Tente você também!

Para o recheio (e não para a massa!), embrulhe a beterraba em papel-alumínio e asse no forno a 180 °C por 50-60 minutos, dependendo do tamanho, até ficar tenra (faça o teste do palito).

Enquanto isso, descasque a beterraba para a massa dos raviólis, corte em cubos (sem cozinhar), bata no liquidificador e passe por uma peneira. Misture esse purê com os demais ingredientes, até obter uma textura firme e homogênea. Caso a massa fique muito dura, adicione mais um pouco de água; caso esteja grudando nas mãos, acrescente mais farinha. Embrulhe em filme plástico e leve à geladeira para descansar por pelo menos 30 minutos.

Para o recheio, descasque a beterraba, corte em cubos, bata no processador e misture com a ricota. Misture o parmesão ralado, a farinha de rosca, o mel, as raspas e o suco de limão à mistura de ricota. Tempere o recheio com sal, pimenta e noz-moscada.

Com a máquina para massas, faça tiras estreitas. Coloque uma colher de chá do recheio em intervalos regulares no centro das tiras, umedecendo as bordas em torno dele com água. Cubra com outra tira e pressione com cuidado em volta do recheio. Certifique-se de não deixar ar preso dentro dos raviólis, senão eles podem abrir durante a fervura. Com um cortador dentado ou com uma faca, separe os raviólis.

Ferva bastante água com sal em uma panela grande e deixe que os raviólis cozinhem por 5 minutos em fogo baixo.

Para a manteiga, pique as nozes grosseiramente. Separe as folhas de tomilho dos talos. Descasque e pique bem o alho, e refogue rapidamente na manteiga e no óleo de nozes em uma frigideira grande. Adicione as raspas e o suco de laranja, o mel, as folhas de tomilho e as nozes. Escorra o ravióli, coloque na frigideira e salteie na manteiga.

TORTA DE MAÇÃ COM NOZES, AVELÃS E AMÊNDOAS

Se alguma vez você tiver muitas maçãs que não sabe o que fazer com elas, faça como nós e produza uma imensidão de tortas de maçã, para você e para os mais queridos. O recheio da nossa torta é muito frutado, porque é feito quase exclusivamente com a fruta. Portanto, você já pode saborear uma fatia logo de manhã, depois de acordar, e continuar com a consciência tranquila. Além das maçãs, esta torta suculenta também contém nozes, avelãs, amêndoas e aveia. Do que mais precisamos para começar o dia?
Para a base de nossa torta, optamos pela massa podre clássica em uma versão vegana, em que o ovo é substituído pelo purê de maçã.

Rende 1 torta (24 cm de diâmetro)

PARA A MASSA PODRE
150 g de farinha de espelta integral
¼ de colher de chá de fermento químico em pó
25 g de açúcar de coco
uma pitada de sal marinho
60 g de margarina vegetal fria
30 g de purê de maçã
feijões ou pesinhos para assar

PARA O RECHEIO
1 fava de baunilha
4 colheres de sopa de xarope de arroz
250 ml mais 3 colheres de sopa de suco de maçã
suco de 1 limão-siciliano
1,5 kg de maçãs
3 ½ colheres de sopa de amido de milho

PARA A FAROFA DOCE
45 g de amêndoas
45 g de avelãs
100 g de farinha de espelta integral
75 g de aveia em flocos finos
uma pitada de sal marinho
½ anis-estrelado
3 cravos-da-índia
4 paus de canela pequenos
75 g de margarina vegetal fria
5 colheres de sopa de xarope de arroz
40 g de nozes

Para a massa podre, comece misturando os ingredientes secos. Corte a margarina em cubos e adicione à farinha junto com o purê de maçã. Com a ponta dos dedos, trabalhe a massa até obter uma farofa. Sove rapidamente, molde uma bola, embrulhe em filme plástico, achate um pouco e deixe descansar na geladeira por pelo menos 30 minutos.

Enquanto isso, corte a fava de baunilha no sentido do comprimento e raspe as sementes (para fazer açúcar aromatizado com baunilha coloque a fava em um vidro com açúcar de coco ou mascavo). Ferva o xarope de arroz em uma panela grande. Adicione 250 ml de suco de maçã, o suco de limão e a baunilha, misture e tire do fogo.

Descasque as maçãs, tire o miolo, corte a polpa em fatias finas e coloque diretamente no suco, para não escurecerem. No final, misture bem outra vez, ferva e deixe cozinhar por 5 minutos em fogo baixo. Junte o amido às 3 colheres de sopa de suco de maçã restantes e mexa. Adicione ao líquido fervente, mexa e cozinhe até o engrossar. Deixe esfriar.

Preaqueça o forno a 175 °C. Unte uma fôrma desmontável ou para suflê de 24 cm de diâmetro. Abra a massa entre duas folhas de filme plástico até ficar com cerca de 5 mm de espessura (e cerca de 28 cm de diâmetro). Se for enrolada frouxamente em um rolo de macarrão, fica fácil desenrolar e colocar sobre a fôrma. Pressione as bordas com cuidado e corte o excesso que ficar para fora da fôrma. Faça vários furos com um garfo no fundo, forre com papel-manteiga, encha com os feijões ou pesinhos e asse por 15 minutos. Em seguida, retire o papel-manteiga e os pesinhos.

Enquanto isso, para fazer a farofa doce, moa 30 g de amêndoas e 30 g de avelãs e misture com a farinha integral, a aveia e o sal. Em uma frigideira sem óleo, toste o anis-estrelado, os cravos e os paus de canela, até ficarem perfumados, depois triture no pilão e misture aos outros ingredientes. Corte a margarina em cubos, misture com o xarope de arroz, adicione à mistura e esfarele com os dedos até obter uma farofa. Pique grosseiramente as amêndoas, avelãs e nozes restantes.

Distribua o recheio de maçãs na massa já assada e pressione um pouco com uma colher. Cubra com a farofa doce seguida pelas nozes, amêndoas e avelãs picadas. Termine de assar durante 20 minutos na parte inferior do forno.

Retire do forno e deixe esfriar sobre um aramado por pelo menos 1 hora. Ela é mais fácil de cortar quando está fria, mas para nós, ela é mais gostosa morna!

RECEITAS BÁSICAS

Em nossa cozinha, tentamos ao máximo evitar produtos industrializados; por isso, nós mesmos produzimos o básico, ou seja, molhos, pastas, caldos, molhos e misturas de temperos para todas as épocas do ano.

É claro que também existem excelentes produtos orgânicos, sem aditivos desnecessários, contra os quais não há nada a dizer. Mas nós mesmos queremos decidir que sabor terão nossos molhos, o leite de amêndoas, a pasta de curry ou o ketchup. Além disso, os ingredientes de nossas receitas básicas vão mudando de acordo com a época do ano. Assim, por exemplo, o nosso sal de ervas tem um sabor frutado e fresco no verão, mas no inverno ele adquire outros aromas típicos da estação; às vezes, ele tem um toque italiano, depois asiático, com coentro fresco e limão-taiti. Um produto comprado pronto, porém, tem sempre o mesmo gosto e nunca vai nos surpreender ou estimular novas ideias.

Os muitos passos necessários quando se prepara a própria comida demandam um pouco de organização e, principalmente, tempo, mas isso é uma questão de mudar o jeito de pensar: desde que nos acostumamos com isso, os processos se integraram bem ao dia a dia. Muitas das nossas receitas básicas duram dias, semanas e até meses. Uma vez prontas, sempre podemos recorrer a elas.

Quando se produz muito os próprios produtos, surgem sobras que podem ser muito bem reaproveitadas. Os restos de legume quando se cozinha um caldo, por exemplo, podem ser processados junto com alguns temperos e ervas frescas, e assim se obtém uma pasta para saborear com o pão. Quando usamos as sementes da fava de baunilha, colocamos a fava dentro de um vidro com sal, açúcar, mel ou vinagre, onde ela vai exalar um aroma maravilhoso. As sobras de amêndoas que surgem na produção do leite de amêndoas podem ser desidratadas e transformadas em farinha de amêndoas que, por sua vez, pode ser usada para bolos e biscoitos. Dessa forma, quando se faz os próprios pratos, sempre vão surgir novas receitas ou pequenas delícias. Nas páginas seguintes, vocês encontrarão as receitas básicas utilizadas neste livro.

CALDO DE LEGUMES

Rende 2 litros

2 cebolas
2 colheres de chá de azeite de oliva
2 dentes de alho
5 g de gengibre fresco
1 aipo-rábano pequeno com as folhas
4 cenouras
1 talo de alho-poró
1 pastinaca
1 maço de levístico
½ maço de salsinha
alguns ramos de tomilho fresco
3 folhas de louro
2,5 l de água
3 cravos-da-índia
20 grãos de pimenta-do-reino
sal marinho a gosto

Em sopas, molhos, risotos e outros pratos, o essencial é a base: um caldo de legumes encorpado. É possível mudar e adaptar esta receita à vontade, dependendo da época do ano e do gosto, usando, por exemplo, erva-doce ou outros vegetais, ou acrescentando diversas ervas e especiarias, como zimbro ou cúrcuma. Nós sempre guardamos as sobras, como cascas de alho, cebola e de legumes, caules de couve-flor e brócolis, e os usamos no preparo do caldo. Você também pode guardar essas sobras no freezer, até reunir a quantidade suficiente para preparar um caldo.

E até mesmo o caldo pronto pode ser congelado – é o mais prático a se fazer. Mas, se não houver espaço no freezer, é possível fazer, alternativamente, um caldo granulado. Para isso, descasque cebola, alho e legumes e corte em cubinhos. Triture os temperos no pilão e pique as ervas. Passe tudo no processador e triture o mais fino possível. Espalhe a massa obtida em uma assadeira forrada com papel-manteiga e seque no forno a 50°C por 8 horas ou em um desidratador. Depois, moa tudo. Tempere o caldo com sal marinho e coloque em um recipiente hermético. Devidamente seco e armazenado, o caldo granulado dura vários meses.

Corte a cebola em quatro, sem descascar, e salteie no azeite em uma panela grande, até começar a dourar. Amasse um pouco o alho sem descascar, corte o gengibre sem casca em fatias. Lave bem os legumes e corte em cubos grosseiros, sem descascar. Adicione o alho, o gengibre e os legumes à cebola e refogue tudo por cerca de 5 minutos. Enquanto isso, lave as ervas. Adicione a água e coloque também as ervas e os temperos na panela. Ferva tudo e deixe cozinhar em fogo baixíssimo por 30 minutos a 1 hora com a tampa fechada (vai depender do tempo disponível – quanto mais cozinhar, mais intenso será o sabor). Passe o caldo pronto por uma peneira forrada com um pano de prato limpo e ajuste o sal.

CREME DE LEITE DE CAJU

O creme de leite de caju é uma alternativa maravilhosa para o creme de leite produzido a partir do leite de vaca. Ele deixa os molhos bem cremosos e também serve de aglutinante. E facílimo fazer. Ao contrário do nosso leite de amêndoas, que precisa ser coado depois de ter se tornado um purê, o creme de leite de caju pode ser usado imediatamente. Dependendo da potência do seu liquidificador ou processador, você pode até pular a etapa de demolho das castanhas. É possível variar a quantidade de água – assim, o creme vai ficando mais grosso ou mais ralo, de acordo com a preferência.

Rende 150 ml

50 g de castanhas-de-caju
100 ml de água

Coloque as castanhas-de-caju de molho em água por pelo menos 4 horas, de preferência durante a noite. Bata no liquidificador junto com a água do molho até triturar bem e a mistura adquirir uma consistência cremosa.

LEITE DE AMÊNDOAS

Rende 1 litro

150 g de amêndoas
1 l de água

Como Susann não tolera leite de vaca, há algum tempo adotamos o leite de amêndoas. Porque de modo algum queríamos depender de leite sem lactose, tratado industrialmente, que contém aditivos desnecessários. A alternativa vegana é bem fácil de fazer e é ideal para o preparo de bolos, pães e biscoitos ou para um arroz-doce delicioso. É possível temperar o leite de amêndoas com uma pitada de sal marinho e um pouco de xarope de arroz. Mas nós só o enriquecemos pouco antes do uso, porque vai depender do prato.

Na véspera, toste ligeiramente as amêndoas em uma frigideira sem óleo, até começarem a ficar perfumadas. Cubra completamente com água e demolhe por pelo menos 5 horas ou durante a noite.

No dia seguinte, escorra a água. Lave as amêndoas e, se quiser, pressione para tirar a pele (assim, o leite fica mais branco). Bata bem as amêndoas no liquidificador com 1 l de água fresca, até obter um líquido leitoso com espuma. Deixe o leite de amêndoas descansar por alguns minutos para que elas liberem todo o seu aroma. Depois disso, coe o leite em uma peneira forrada com um pano de prato limpo (as sobras de amêndoas que ficam no pano podem ser desidratadas e usadas como farinha). O leite dura de 3 a 5 dias na geladeira e, por isso, deve ser consumido fresco.

PASTA DE CURRY AMARELA

Como há camarões ou molho de peixe em muitas pastas de curry asiáticas, nós criamos a nossa própria versão vegana. A grande vantagem desta pasta de produção caseira é que é possível controlar o grau de ardência através da quantidade de pimentas chili usadas. A raiz de cúrcuma fresca dá uma bela tonalidade amarela aos currys e ela, assim como a galanga, pode ser encontrada em boas lojas de produtos asiáticos. Caso contrário, basta substituí-la por cúrcuma em pó, ainda que o aroma da raiz fresca seja muito mais intenso. Se for colocada em um vidro limpo com tampa, a pasta vai durar várias semanas na geladeira.

Para fazer um curry tailandês ou vietnamita com esta pasta, basta fritar os ingredientes principais (tofu ou legumes, por exemplo) com 2-3 colheres de sopa de pasta de curry em um pouco de óleo de coco. Adicione leite de coco, deixe ferver até os legumes ficarem cozidos e no fim, decore com ervas frescas (coentro ou manjericão tailandês, por exemplo).

Descasque a galanga, a cúrcuma, as chalotas e o alho e corte em pedacinhos. Tire as sementes da pimenta (a quantidade vai depender da ardência desejada). Corte os 5 cm inferiores do capim-limão em pequenas fatias. (O que sobrar pode ser cozido num caldo, para aromatizar sopas asiáticas.) Toste as especiarias secas em uma frigideira sem óleo até ficarem perfumadas e triture finamente no pilão. Bata todos os ingredientes no liquidificador ou com o mixer até virar uma pasta; coloque em um vidro com tampa de rosca.

Rende 160 g

30 g de raiz de galanga
15 g de raiz de cúrcuma fresca
(ou 1 colher de chá de cúrcuma em pó)
4 chalotas
3 dentes de alho
4-10 pimentas chili vermelhas pequenas frescas
2 ramos de capim-limão
1 ½ colher de chá de sementes de cominho
2 colheres de chá de sementes de coentro
½ colher de chá de canela em pó
1 colher de chá de flor de noz-moscada em pó (macis)
1 anis-estrelado
2 colheres de chá de açúcar de coco
1 colher de chá de sal marinho

PASTA DE CURRY INDIANA

Yannic: Para os nossos currys indianos, geralmente adapto a mistura de especiarias ao prato. Às vezes, o sabor precisa ser mais suave e frutado, outras vezes mais quente e bem picante. Susann e muitos amigos sempre me pediam a receita toda vez que eu servia um curry. Como eu não queria dar de ombros todas essas vezes, desenvolvi esta receita básica. É claro que você pode fazer uma quantidade maior de pasta e guardar na geladeira em potes de vidro com tampa de rosca. Mas, em geral, nós preparamos as nossas receitas frescas, na hora, para que os óleos essenciais dos condimentos não evaporem. Aliás, se você excluir o coco ralado e o óleo de coco, terá um pó de masala.

Rende 70 g

10 bagas de cardamomo verde
2 colheres de chá de sementes de cominho
4 colheres de chá de sementes de coentro
1 colher de chá de cúrcuma em pó
1 colher de chá de grãos de pimenta-do-reino
1-2 pimentas chili vermelhas secas
½ colher de chá de sementes de erva-doce
½ colher de chá de canela em pó
8 cravos-da-índia
1 anis-estrelado
1 colher de chá de mostarda marrom em grãos
3 colheres de sopa de coco ralado
½ colher de chá de sal marinho
4 colheres de chá de açúcar de coco
4 colheres de chá de óleo de coco

Abra as bagas de cardamomo e retire as sementes. Toste todos os ingredientes, inclusive os grãos de mostarda, em uma frigideira sem óleo, até ficarem perfumados. Em seguida, triture bem os temperos no pilão. Bata com o coco ralado no liquidificador, acrescentando o sal, o açúcar de coco e o óleo de coco, até obter uma pasta granulada.

ÍNDICE

AGRADECIMENTOS

O nosso grande agradecimento vai a todas as pessoas maravilhosas que acompanham o nosso blog e que com o seu *feedback* e interesse nos apoiam diariamente naquilo que fazemos: sem vocês, o Kraut-Kopf não seria muito mais do que uma loucura. Através das palavras carinhosas que vocês nos enviam e da grande aceitação, o nosso blog tem crescido cada vez mais, e nós também, até que nos arriscamos neste projeto do livro de receitas. Lisa e Christin nos contaminaram com essa ideia. Nós ainda nos lembramos bem da ligação de Christin pouco antes do Natal, à qual se seguiram muitas noites sem dormir! Estamos felizes por termos realizado este projeto junto com os dois e com a editora Hölker.

Marina, nos meses em que trabalhamos como loucos neste livro, você realmente nos apoiou. Somos imensamente gratos a você pelo enorme suporte! Obrigado por ter estado lá em todos os momentos e sempre dissipar as nossas restrições e preocupações. Sabemos como o nosso perfeccionismo pode ser trabalhoso e como somos teimosos. Você sempre esteve disponível e nos apoiou não apenas psicológica e moralmente, mas também complementando este livro com suas fotos magníficas de nós dois. Mil vezes obrigado, querida Marina!

Muitos amigos deram ideias extraordinárias para o livro. Obrigado, Sally, por ter pensado em nós tantas vezes quando descobria mais um pedacinho maravilhoso de natureza nos arredores de Berlim, que era um convite para caminhar, relaxar e fazer um piquenique. Tabea, ainda vamos nos lembrar por muito tempo do lindo dia que passamos com sua prima Rahel, que nos ofereceu sua encantadora casinha no meio do verde e seu velho forno a lenha. Agradecemos também aos agricultores nos arredores de Berlim. Principalmente ao Florahof Potsdam, Himmelbeet Wedding, à antiga Fasanerie em Lübars e à Wilde Gärtnerei: vocês não só nos abasteceram com as frutas e os legumes mais frescos, mas também com muito conhecimento.

Obrigado, Kareen, pela tarde emocionante na floresta. Sentimos-nos como crianças a cada cogumelo que encontrávamos, graças à sua ajuda! Agradecemos cordialmente aos nossos convidados, que recebemos para provar as receitas deste livro e que contribuíram para as belas fotos do nosso jantar no loft e do piquenique no telhado: Eva, Sascha,

Inga, Imke, Mario, Christopher, Angela, Rica e Christian, Marta e Tomasz, Katie, Katleen, Amy, Lisa e "amigos de amigos", que nos ofereceram o telhado de seu escritório. E é claro que agradecemos também a Bettina e Philipp, em cujo belíssimo loft pudemos cozinhar.

Dirk Aleksic contribuiu muito para este livro com a sua cerâmica exclusiva. Obrigado pelas muitas peças lindas que você fez para nós.

E queremos dedicar as últimas linhas às nossas famílias, que sempre nos apoiaram, sempre acreditam em nós e nos dão muita força. Um obrigado especial vai para a tia do Yannic, Christa, que é autora da receita da torta de morangos.

TÍTULO ORIGINAL *Kraut-kopf - vegetarisch kochen und genießen (ISBN: 978-3-88117-955-3).*

EDIÇÃO Fabrício Valério e Marcia Alves
TEXTO E RECEITAS Susann Probst e Yannic Schon
TRADUÇÃO Claudia Dornbusch
PREPARAÇÃO Eni Rodrigues
REVISÃO Bia Nunes de Sousa
FOTOS Susann Probst, Yannic Schon / exceto as das páginas 6, 28-30, 90-91, 96-97, 100 (em cima à esquerda), 224-225: Marina Jerkovic
DIREÇÃO DE ARTE Ana Solt
PROJETO GRÁFICO SÜD Studio für Visuelles
DIAGRAMAÇÃO Pamella Destefi

Dados Internacionais de Catalogação na Publicação (CIP)
(Câmara Brasileira do Livro, SP, Brasil)

Probst, Susann
Leve & saudável: a moderna cozinha vegetariana para o dia a dia / Susann Probst, Yannic Schon; [tradução Claudia Dornbusch]. – São Paulo: Vergara & Riba Editoras, 2016.

Título original: Kraut-kopf Vegetarisch kochen und genießen
ISBN 978-85-507-0038-0

1. Culinária vegetariana 2. Gastronomia 3. Receitas culinárias I. Schon, Yannic. II. Título.

16-05373 CDD-641.5636

Índices para catálogo sistemático:
1. Receitas vegetarianas: Culinária 641.5636

Todos os direitos desta edição reservados à
VERGARA & RIBA EDITORAS S.A.
Rua Cel. Lisboa, 989 | Vila Mariana
CEP 04020-041 | São Paulo | SP
Tel.| Fax: (+55 11) 4612-2866
vreditoras.com.br | editoras@vreditoras.com.br

SUA OPINIÃO É MUITO IMPORTANTE

Mande um e-mail para **opiniao@vreditoras.com.br** com o título deste livro no campo "Assunto".

1ª edição, set. 2016

FONTE Fedra Sans Std Book 16/21pt | 8,5/14pt
Fedra Sans Std Normal 7/14pt
FedraSerifB Book Italic 8,5/14pt
PAPEL Offset 150 g/m²
IMPRESSÃO Gráfica Santa Marta
LOTE SM261819